开一家美丽的花店

沈国强 著

中国电力出版社
CHINA ELECTRIC POWER PRESS

内 容 提 要

本书包括花店前期筹划、花店开业准备、花店网络营销、花店员工管理、花店日常管理、花店销售计划、顾客开发管理七大类内容。涉及到开花店需要了解和深入学习的各方面的管理和营销技巧，紧密联系实际，有极强的实用性。本书适合于从事花店管理的人员、准备开花店的人员以及有相关需求的人员参考阅读。

图书在版编目（CIP）数据

开一家美丽的花店／沈国强著．—北京：中国电力出版社，2018.7（2019.8 重印）
ISBN 978-7-5198-1949-1

Ⅰ．①开… Ⅱ．①沈… Ⅲ．①花卉—商店—商业经营 Ⅳ．① F717.5

中国版本图书馆 CIP 数据核字（2018）第 076711 号

出版发行：中国电力出版社
地　　址：北京市东城区北京站西街 19 号（邮政编码 100005）
网　　址：http://www.cepp.sgcc.com.cn
责任编辑：曹　巍（010-63412609）
责任校对：李　楠
责任印制：杨晓东

印　　刷：北京盛通印刷股份有限公司
版　　次：2018 年 7 月第一版
印　　次：2019 年 8 月北京第二次印刷
开　　本：710 毫米 ×1000 毫米　16 开本
印　　张：10
字　　数：160 千字
定　　价：68.00 元

前言
PREFACE

　　杭州良友花店，1988 年开业，转眼间走过了 30 年。她像一个孩子一样，在社会各界人士的关怀和关注下，在大家的关心支持和引导下，在花店同仁的影响帮助下，慢慢长大，学会了关心，学会了付出，学会了感恩。

　　良友花店的前 20 年，经营思想是以满足市场的需求从而得以生存，开了很多很多连锁店。近 10 年，开始把店开到最热闹最高端的商场，通过分析顾客消费群的差异与消费能力的不同，把产品按不同种类、不同空间来营造商业气氛、产品组配，让不同的消费者在愉悦的氛围中完成体验式消费。现在是我们经营的新阶段，是在创造消费。

　　我们探索将自然绿化造景、精品家私、空间布置、室内花艺与软装设计、采光照明作为整体概念，进行一体化全方位的设计规划，力求使每件作品都成为商业与艺术的完美结合，在创造高营销的同时注重提高公众的欣赏和审美水平。

　　在花店经营中，我们更多思考的是能为客户做些什么，能为客户提供怎样的服务；思考艺术的表现形式与商业营销的结合；思考从满足市场需求，到营造需求，到创造需求。

　　历经 30 载，回首良友花店走过的每一步，从全国花店零售业协会的成立，到花店同行从相聚到相识相知，再到国际花商联、世界花卉协会的先后加入，让我们良友花店，让中国花店业了解世界走向世界有了更多的桥梁。

　　良友花店有限公司和上海优尼公司中国花店联合体的合作，加入国际花商联，到进入全球送花网，使我们花店的经营从区域走向世界，让我们的花艺和世界高端设计理念同步，让中国花艺了解了世界。

　　在良友花店商学院，我们和来自全国各地的学生，一起分享花的美丽与艺术的最佳结合，理解与体验花带给我们的快乐。花瓣会离开花朵，但花香永留心中。相信幸福是要寻找，是要发现，是要付出，是要创造，才是延续，才是永远的。相信这份感悟同样会传递给我们的学生，传递给我们的朋友与客户，传递到千家万户。

　　生活是一首歌，生活像花儿一样开放，玫瑰和百合会唱一样的歌吗？

沈国强

2018 年 5 月

目　录
CONTENTS

开店的动机

FLOWER SHOP

在确定开店之前，首先要确定自己的开店动机，为什么要开花店？是为了改善自己的生活，还是出于对美好事物的追求，还是个人的业余爱好，甚至只是作为一个暂时的谋生手段？创业、开店从来都不是什么轻松事，动机其实就是动力。自己究竟"为什么要开店"，只有将此想得足够清楚明确，才能支持你熬过每一个难关，最终拥有一家理想的花店。

确定营业面积

FLOWER SHOP

需做好充足预算，开店前要做好计划，包括手中的资金如何分配使用，如何在实际中避免超支。初开店的人要控制好成本，起步阶段店面不必求大，以40m²为宜。假设手头有15万元资金，一般要预留2~3万元的流动资金，5~6万元用于装修，余下的7~8万元作为一年的店铺租金和进货资金。当然，如果花店能有100~150m²的面积，是可以增加顾客体验的，如花艺沙龙，花艺培训，咖啡、茶艺，也可以有更多的花艺产品展现。

确定店名
FLOWER SHOP

一旦未来花店的形象在脑海里清晰起来，就要开始考虑店名了。也许有人认为，不过是起个名字而已，待一切准备就绪了再起也不迟。然而这里要强调的一点就是：开店之前确定店名，至关重要。

一家店的名字，能传递出许多信息，也在很大程度上决定了一家店的格调。在面临开业初期接踵而至的杂务时，能在潜意识里对店主起自我激励的作用。

若想开花店，并且想让客人对店铺定位一目了然，可以在店名中加入"花店"之类的字眼，这样就能明确吸引喜欢花店的客人。这也是一般花店的常规取名套路。

不过，"××花店"这样的名字其实是很容易流俗的，如果你想开的店有一个特别的理念或概念，也可直接将那个概念浓缩于店名之中，而不必刻意使用有关店铺类别的字眼。这样或许反倒令人好奇，给客人留下深刻的印象。

而且，尽早确定店名还有一点好处，就是在之后和地产商或者房屋中介等沟通时，可以明确地告诉对方"我想开一家叫作'××××'的花店，现在需要一间最好位于××地段、租金大致在××元/月上下的店面……"这样的介绍，能令双方都感受到此事势在必行，也就会得到更加热情的接待。

设计logo

FLOWER SHOP

店名想好之后，就可以开始设计店标了。如果自己有一定的设计理念和美术基础的话，可以自行设计；当然，也可以委托设计工作室或设计师设计。与设计师沟通时，首先要将店名与先前脑子里已成型的构思等毫无保留地告知对方，其后请设计师设计3~5个版本，以便从中选出最符合自己心意的。然后再将需要修改的内容传达给设计师。只有经过这样充分沟通修改，最后才能得到较为满意的定稿。

经营范围确定
FLOWER SHOP

良友花店设计团队

开花店前，除了要合理安排手中的资金，还要考虑花店的定位。

首先是经营范围的定位：除主营鲜切花外，一般还需要有盆景、永生花、仿真花、花器等。

花店如果提供婚庆服务，也应根据当地的婚庆消费水平、花店所处的位置和经营者的特长等确定适当的价格，并兼营其他配套商品和服务，以提高花店的综合经济效益。如开业初期受经济实力限制，可采取资本运营的方式，如与有婚庆业务渠道的单位或个人联合经营。

比较能吸引消费者的花店定位及档次有两种：一种是店面装潢精致，所售商品价高质优，面向中高收入群体经营的高档花店。另一种是价位、花材都在实惠常见之类的普通亲切的小花店。应该尽力避免"高不成，低不就"的定位。

　　但同时应该注意的是：高档花店由于价格关系，要打开市场、占有稳定的顾客群，相对来说是最艰难的。因为这类花店的顾客十分挑剔，较难满足其需求，而且开这类花店在选择地理位置和宣传方面都要有较大的资金投入。同时，服务、花艺水平更是要经得起考验。

　　当然，高额的资金投入、辛勤的付出总会有较高回报。这类高档花店一旦打开局面，正常运作起来，经营状况又是最稳固、最能经得起社会团体采购的动荡和经济波动的。例如：我国台湾花店界颇具盛名的台北某家花店，以高品质、高层次为定位，长期以来经营有方，面对我国台湾地区在2000年后经济下滑的局面，每年仍然拥有3%的良好利润增长，走出了一条精彩的高档花店发展之路。

相对于高档花店巨大的资金投入，投资较小者可以定位在中小型花店上，此类花店需要稳扎稳打，从小做起。通常小店经营风险较大，同档次店面间竞争激烈。这时就需要经营者有坚定的信念，树立起大多数高档花店也是从中小型花店一步步做起来的信念，坚信小店也能打出品牌。

从门面特色、花材质量、花艺及服务水平、业务项目的精心筹划等方面入手，逐步提高，以期达到一个较高水准。有位商界成功人士曾说："不论起步高低，都要从开店第一天起就想着把它办成一家百年老店。"

另外，花店定位还有一个大忌，就是忌不高不低，不上不下，或企图两者兼顾。这种做法在两种消费对象那里都难以得到认可，是个很危险的决策。所以，花店在经营产品上的定位是一个重要决定。

俗话说，良好的开端是成功的一半。花卉市场中的花店还要讲究经营方式的定位，以零售为主还是以批发为主。再就是花店自身的定位，即以什么特色在众多花店中打响名气。

在开花店之前，必须对市场进行广泛深入的调查，走访本地和外地的相关行业，决定在经营策略上的选择：是直接面向市民，以零售为主攻方向；还是把花店作为批发花卉的一个窗口，以批发为主攻方向？

产品方面，可考虑的有家庭用的大小植物、鲜花、花瓶、仿真花、永生花、装饰画、精油、花茶、礼品等。

当然，也可以选择在做零售生意的同时兼顾批发。近年来市民养宠物的兴趣日益浓厚，花店可辟出一个空间专营宠物，如鸣禽、观赏鱼等所谓"流动的花"。除经营常见的鱼鸟类外，还可以经营花鸟虫鱼的护理用品、花肥、宠物饲料及提供家庭绿化和宠物护理服务等，做出自己的特色，一步步脱颖而出！

良友花记品牌管理全案设计花店

麦琪的礼物

湖南吉首·熊玉红

花格格花店

浙江桐乡·于　洁

阳花花的花店

杭州临平·阳花花

海上花花店

宁波象山·包淑淑

那些花儿

河南长葛·盛晓丹

塞上花色

内蒙古

花店前期筹划

位置选定
FLOWER SHOP

开店前需要对周边花店的位置和档次、商圈消费能力、顾客需求等预先做好市场调查。这个工作最好是自己来做，而不是委托他人，当然如果能请到开花店的前辈来帮助分析研判则更好。这样能做到心中有数。

要根据自己心目中较明确的想法，找准花店的定位。只有花店内外布置得都很有艺术气息，显示出很高的花艺设计水平，体现出明确的整体形象，才有可能赢得消费者。

　　好的店址可遇而不可求，不是想开店就有的，需要你花费时间、精力用心去寻找。

　　选址有两种方式：第一种是广撒网，即发动亲朋好友通过多种渠道在网上、街上帮着寻找合适的店面。还可通过刊登广告、找房屋中介等寻找。但这样不确定具体地点的广撒网，地址选在哪里店面就在哪里，显得比较盲目。

　　第二种是精准定点，即有明确的目标，例如，选址只在离家近的区域，或只在高消费的CBD区域，或只在医院旁边，或只进花卉市场。

　　这些适合开花店的地方，一般房源较紧张，需要多留心店铺转让信息。一些人想当然地认为：要选择在热闹繁华、人潮不断的地区开店做生意就会好。但从以往的经验证明，此种想法存在着一定的误区。应该是说寻找最适合开花店的地点才对。

在找寻最适合的店面地点时，就应将下列因素考虑进去：一般来说，好的店址都有一些共同的特点，即可以对以下几个地区做重点考察和选择。

（1）商业活动频繁的地区。这种地区一般也是商业中心、闹市区，商业活动频繁，则营业额必然较高。这样的店址就是所谓的"寸金之地"。

（2）有效人流高的街道。店铺处在这类街道上，客流量大，光顾店铺的顾客就相对较多。但要考虑街道哪边客流量大，还要考虑地形或交通的影响，来选择最优地点。

（3）世界连锁品牌咖啡店旁边，或其他类似有品牌效应的店隔壁、旁边。

要充分考虑客流状况。所谓"客流"也就是"钱流"。考察客流状况，不仅能使你对今后的经营状况胸有成竹，而且还能为你决定今后的营销重点提供科学的依据。

客流状况主要考察以下几个因素。

一是附近的单位和住家情况，包括有多少住宅楼群、机关单位、公司、学校甚至其他店家——这些店家极有可能会成为你的常客。

二是过往人群的结构特性，包括他们的年龄、性别、职业等的结构特性和消费习惯。

三是客流的淡旺季状况。如学校附近的店面要考虑寒暑假、机关和公司集中地段的店面就必须掌握他们的上下班时间，车站附近的店面应摸清旅客淡旺季的规律，这些都是你设定营业时间的重要依据。

按照"客流"就是"钱流"原则，应选择在车水马龙、人流熙攘的热闹地段开店。这样，成功的概率往往比普通地段要高出许多。因为川流不息的人潮就是潜在的客源，只要你所销售的商品或者提供的服务能够满足消费者的需求，就一定会有良好的业绩。

四是交通便利的地区。只有交通便利，顾客才愿意光顾，愿意坐车去。一般来说，附近有交通站点，或者顾客可以步行20分钟内到达的店铺也是性价比最优的。

考察完店址，那么就要针对花店的一些特征具体来考量一些问题。

（1）选址需考虑停车问题。花店选址一定要考虑停车问题。因为一是

做花车是花店的业务之一，扎花车时需要有场地；二是花店每天进货、送货都要停车，否则很不方便；三是有车族是花店的高端消费人群，需要停车场地。如果店门口实在不能停，最好在花店不远的地方有停车位。

（2）单店选址要远离花卉市场。花卉市场中，花摊云集，批发商较多，价格低，品种多，挑选余地大，单店往往难以竞争。

如果你的零售价高，就一定要远离花卉市场；但是如果你的店有批发业务，价格上有优势，也可以选择在花卉市场旁边开店。

建议：花卉市场一般下午5:00～6:00就关门了，在已经成行、成市的地方，部分已经习惯到花卉市场买花的顾客，不一定会注意市场关门时间或者不知道还有什么地方能买到花。而单店可以自己安排营业时间，赚取花市下班后的独家利润。但周边有花卉市场的花店利润肯定要低一些，需努力提高销量才行。所以可以做网单为主的花店。

（3）位置，位置，还是位置。好的位置是商铺的命根，鲜花不是生活必需品而是提供精神慰藉的物品，所以花店所处位置一定要人流量大，能看到的人多才有好的销售量，这是必需的，偏僻的地方绝对不行。

一是医院周边。选址时要注意：医院要足够大、病人要足够多。太小的医院附近养不起花店。还必须注意的是：在医院周边开花店要学会插制鲜花与水果、鲜花与保健品组合的花篮，这样易从众多的竞争花店中胜出，创造出较好的销售业务。

二是学校周边。在学校周边开花店应以多种经营为好，如时尚小礼品与鲜花、文具与鲜花等搭配。学生群体消费能力弱，尤其是大学生们，对花的品质要求高，但价格却砍得很低。在学校周边选址也要选择办学规模大一些的学校，走薄利多销的路子。同时，应根据大、中、小学的不同，在情人节、教师节、儿童节等节日前做好专题营销。

三是小区内。在小区、社区内选址时，市场调查可采取牢靠的"笨"办法，即一栋楼、一栋楼地数一数，估算一下小区人数，算一下入住率及调查一下消费水平。人数少的小区是养不起花店的，因此要慎重选择，在小区内开花店，可增加花土、花肥、花药，以及盆花出租等项目。

四是超市内。在大型超市里开设花店是可以的，在小超市开花店往往不行。但要进入大型超市也会受到销售业绩、高额租金等众多因素的限制，需要事先做好投入和回报的分析后再决定。

　　五是商场内。大的商场内人流量较大，在其入口处开设花店是不错的选择。商场内租金是按花店销售额的百分比来收取费用的，有的大型商场结账时还要求开具增值税发票，这对小规模经营的花店来说是个门槛。

　　六是CBD区域。CBD是集写字楼、咖啡餐饮店的综合体。白领、蓝领人群集中，对品质、流行时尚性要求相对要高。

　　七是聚集世界品牌咖啡连锁店，以及生活类品牌店边上。感性消费人群多，对花店整体形象、装修风格、产品时尚感、艺术感等美学要求较高，但消费也较高。

　　综合以上各项，特别需要说明的是，位置的不同，人流量的购买率也是不同的（如车站、旅游区的人流不是商业客流）。花店的定位，消费产品的定位要明确，人流才会成为"钱流"。

店面租金谈判

FLOWER SHOP

　　一旦找到理想的店面，就要当机立断，出手迅捷，尽快拿下。否则夜长梦多，很有可能会因你的片刻迟疑而被别人捷足先登，从而错失良机。如何拿下店面？谈判自然是至关重要的。

　　（1）房租谈判。房租对每一个开店的人来说，都是最敏感而又最现实的。说它敏感，是因为它和金钱挂钩，租金太高会让店主负担不起，太低又找不到好店面，所谓"一分钱一分货"。

说它现实，是因为这是我们不得不面对的问题。除非你不开店，或有自己的店面。而大多数情况下，我们都得租用店面，那么和房东讨价还价就不得不摆上开店的议事日程。

与房东砍价前，在心里首先要有一个谱，也就是先自定一个能够接受的最高价，这个价位必须是你觉得自己有实力负担得起，并且在这个价位下，估计有钱可赚。可以向附近类似的门面打探一下，价位是否基本一致。

在和房东谈判时，根据设定的最高房租，比较房东给出的房租，权衡后进行讨价还价，这样才可以得到合理的价位。

（2）房租交纳方式谈判。通常情况下，交付房租有按月结算、定期交付和一年付清三种方式。

也有一些房东除了要求支付固定的月租金外，还要根据店面的经营状况分享一定的利润。如果房东提到这一点，而你也愿意，双方要把它作为重点

来谈判，说不定能得到意外的惊喜。

（3）其他条件。与房东谈判，除了谈租金外，还要注意附加条件，这可以使你节省不少开支。

有很多店面出租，都要求支付押金，在谈判时应尽量说服房东免付押金。一些黄金地段的店面押金通常很高。虽然这钱最终还是你的，但如果你一直经营下去，这笔钱也就等于搁死在那儿，对于一个资金紧张的创业者来说，这也是一个不小的包袱。如果谈得好，完全是有可能卸掉的。

最后，还必须按照规定的格式化合同，来签订商铺租赁合同和相关的补充事项，这样最起码能做到双方不吃亏。

选择装修公司应该至少考察其如下几个方面：

公司的专业水平、公司的可靠性、公司的信誉。

到哪里去找可信赖的家装公司？

如果你对应该联系哪家公司拿不定主意。你可以有几种选择。

一是通过朋友同行的介绍，如听取成功开业的花店同行对装修公司的口碑。

二是在网上查阅相关资料，如各网站的相关栏目。

三是去装修市场以及装修展览会等了解，那里集中了许多公司，可以货比多家。

四是查阅花店、装修等相关的报刊杂志中的有关版面，那里有不少相关公司的广告。

五是查花店行业专业性设计公司咨询推荐，比如良友花记品牌管理公司。

至于哪些公司才真的可信，这点必须详细考察才行。而且，同一家公司的不同施工队的能力都可能大不相同，所以即便公司可信，也要再了解一下施工队伍，然后指定某个施工队来施工。

如果装修资金不是很宽裕，可以在洽谈合同时选择让装修公司垫资或分期付款等方式，等花店赢利后再支付余款。

确定装修风格

*

FLOWER SHOP

—— 花店内装饰与设计 ——

花店的环境设计很重要。精致美丽的环境布置、巧妙的设计，不但能吸引顾客走进花店，也会给顾客带来灵感和消费的享受。出色的花店环境设计，可以使顾客将花店的布置方法与自己家的家居装修相结合，产生宾至如归的亲切感，进而成为花店的固定消费客源。

好的花店环境设计，可以烘托店内气氛，创造温馨甜蜜意境，强化花店环境风格。在店面设计中，利用货架等陈设可以使空间的使用功能更趋合理，更富层次感。当然，货架是要看空间布局来使用。

经营花店必须要有自己的特色，要善于将开店构想中的创意变成现实。花店的

空间可谓"寸土寸金"，故应提高空间的利用率，并使整个花店实用、合理、美观，真正起到配合促销的作用，装修阶段可以借鉴其他花店成功的做法。当然最好能聘请花店专业设计人员进行整体设计，提前绘制好花店装修效果图，以花店的现状为基础，因地制宜地进行布局设计与规划。请花店专业设计师来设计，可以避免非花店设计师不懂花店场地布局和流程，而造成不科学不合理的装修效果。

为方便开业之后的正常经营活动，花店装修有两个方面需要注意：一是要体现出花店的特色；二是要严格控制花店的装修费用。花店装修一定要根据开店构想进行设计和施工，不能马虎。

因为开店装修风格已经确定，以后的小修小改很难体现整体特色。因此在装修的过程中，应严格按照清单采购必要的营业设备，如保鲜柜、空调等，并安装调试。另外水池、电插座、工作台、收银台的位置、高度的安排也都十分重要。花店装修和采购营业设备要按照开业计划实施，不能影响花店的正常开业。

　　花店所处位置、招牌设计、橱窗布置、店堂内部装修及花卉商品陈列方式等诸多因素，都会给顾客带来不同的印象和感受，并影响顾客的购买心理和购买决策的确立与实施。

　　因此，迎合顾客心理，布置出一个优美的购物环境，可以增加销售量。花店的设计应最大化地吸引顾客进店。如可利用醒目的店名及标志，吸引顾客的目光。也可以用花店最具代表性、信誉度较高的荣誉匾额、获奖证书、服务承诺装饰店门，增强顾客的信任度和安全感，并要尽可能延长顾客在店内的停留时间。

　　花店由于物质条件和自身条件的不同，在环境设计上往往大相径庭，从而形成了多种多样的风格。花店的室内环境设计以及装修与内部设计是营造美好的店堂环境所不可缺少的环节。

　　为了保证顾客在愉悦、放松的氛围中购物，店内照明要明亮而柔和，内部装饰的色调要宜人。

　　花店内的装修要简洁，以明快的色调为主。花店装饰可通过有创新的构思，独特的布局，高雅、充满魅力的艺术氛围，给人以高品质的文化享受。花店内可播放柔和的音乐，以便让消费者在恬静、安逸的氛围中精心选购。

在花店内可合理地设置一些POP广告，内容可涉及鲜花保鲜知识、花卉新品种信息、各种场合用花常识，并要经常更换内容，保持新鲜感。这样就可以使顾客愿意花费更多的时间停留在店内咨询和观赏，也很容易激发他们的选购欲望。即使进店顾客没有进行购买活动，也会给他们留下好的印象，对其今后的购买行为产生影响。

建议：花店装修规划设计，最好请专业花店设计师来量身打造。

花店的布局
FLOWER SHOP

花店布局的核心是顾客走动路线的设计。成功的设计能最大限度地延长顾客在店内的停留时间。

不同顾客因年龄、性别和性格的差异，其走动的路线也会有所不同。一般而言，中老年人在店内停留的时间较长，他们会慢慢地仔细阅读各类说明和POP广告，选择自己所需要的花卉品种。

青年人一般在店内停留时间较短，他们进店后，想尽快地看到自己所需要的花卉，购买后迅速离开。

顾客走动多的地方往往有利于花卉的促销，走动少的地方则为滞销区。花店要避免把畅销的花卉品种放在顾客走动少的地方，应考虑整体布局，把各类不同的花卉品种有序地摆放，在走动路线设计方面要清晰分类，能让顾客自由自在地选购。

花店的店堂作为消费通道，合理的布局能促进销售的实现。

花店的布局一般分为两类，即格子式布局和自由流动式布局。

格子式布局，是一种十分规范的布局方式，摆设互成直角，构成曲径式通道，使整个花店内部结构严谨规范，给人以整齐、管理井然有序的印象。这种印象很容易使顾客对花店产生信任心理。格子式布局大多用于开架形式销售，其缺点是顾客通常会产生孤独和乏味的感觉。

由于在通道中自然形成的驱动力，选购中的顾客会有一种加速购买的心理压力，而观赏和休闲的愿望将大打折扣。

同时，由于布局的规范化，使得花店发挥装饰效应的能力受到限制，难以产生由装饰形成的购买情趣与效果。

格子式布局的整体投入低，符合普通人要求价格低廉的心理。从经营角度看，格子式布局比较有利于销售安全和保持花店卫生。

自由流动式布局，是根据花卉的特点，形成各种不同的组合独立或聚合的布局方式。其中没有固定或专设的布局形式，销售形式也不是固定不变的。

在实际布局中，常见的有条形、矩形、环形、马蹄形和三角形等。这类布局中，通道一般比较宽敞或在花店中央留有较大的空间，用于环境装饰以及与顾客交流。

自由式布局能利用装饰布局创造较好的环境氛围，对各类顾客都能产生一定的吸引力，其环境促销的作用十分明显。

自由流动式布局一般要有较大的空间，可以给顾客提供观赏的环境。这样既可创造顾客购买计划之外的物品机会，又能使顾客享受到购物之外的快乐。

这类布局会导致面积的利用率偏低，故适用于店面面积较大的花店。这类布局如果设计不好，也会给人留下布局凌乱无序的印象。

同时，由于需要用于装饰布置的花材较多，损耗也会相应增加，因此从经营角度来看，成本会较高。

以上的说明为普遍性布局。每家花店布局中，必须按实际空间及产品陈列内容，做现场设计规划。因为每家店实际使用的空间是不一样的。

—— 花店的通道 ——

花店的通道要注意保持足够的宽度，以方便顾客游览、挑选鲜花和往来通过时不感觉到局促为宜。

所以一般应不小于两人交会的90cm宽度，否则顾客会感到不便。当通道过长时适当的迂回行走对顾客更有吸引力。特别的案例是用植物形成高、中、低狭小的通道，营造自然神秘的吸引力。

如果花店是进出合一的单一大门，就要保持足够的宽敞和通畅，以减少拥挤和堵塞，避免进、出花店时顾客的相互干扰，使得顾客从门前经过时就有高端大气的感觉。如果是进与出分开的前后门，则应注意花店内通道的走向一定要明确，不要因通道的误导，使店内形成顾客回流现象。

—— 天花板的设计 ——

花店天花板的高度应根据营业面积来确定。宽敞的店面要适当高一些，狭窄的花店应低一些。

一般而言，一个10~20m²的花店，天花板的高度在2.7~3m；如果花店面积达到300m²，天花板的高度应在3~3.3m；1000m²的花卉市场，其天花板的高度应达到3.3~4m。

天花板的颜色具有调整高低感的心理作用。有时，因层高所限，并不需要特意把天花板架得很高或很低，只需改变其颜色就能达到调整高度的效果。

天花板的设计以平面居多，一般在天花板上安装吊灯或暖色射灯等照明设备。天花板的材料，有各种胶合板、石膏板、石棉板、贴面装饰板等。

胶合板是最经济和方便的天花板材料，但防火、消音性能较差；石膏板有很好的耐热、消音性，但耐水、耐湿性差，经不起冲击力；石棉板不仅防火、绝热，而且耐水、耐湿性好，但不易加工。

有的花店面积很小，但房间很高，为了堆放花篮、花泥等既占空间又不美观的杂物，可以搭建一层阁楼，以提高房间的使用率。

另外，对于过高的天花板，可以在上面固定丝网或细铁丝（最后要隐藏起来），悬挂人造仿真藤类植物或干花，这样会起到很好的装饰效果。

当然，花店有一定高度的空间还可以做出阳台效果。

—— 墙壁的设计 ——

壁面作为陈列花卉的背景，具有很重要的功能。花店的壁面在设计上应与所陈列的花卉的色彩和内容相协调，与花店的环境和形象相适应。

一般有以下四种壁面利用方法：一是在壁面上架设陈列柜，用以摆放陈列花卉。墙壁被陈列柜挡住可以省下粉刷或装饰处理的费用。

二是在壁面上安置展台作为花卉展示处。墙壁在设定货架的同时，作为背景起到了衬托的作用。

三是在壁面上安置简单设备，用以悬挂或布置花卉。悬挂插花作品必须先选择完整、较空和最适宜观赏的高度的墙面。插花作品的风格要和店内整体风格一致。

四是在壁面上做一些简单处理。如张贴POP广告或做壁面装饰。很多花店的经营项目中包含礼品类。壁面装饰通常以绘画、装饰画、工艺品、木刻、浮雕、编织品等礼品为主要陈设对象，如挂盘、铜饰、木雕、绣片、扇子、书法和摄影作品等。

在实际操作中，凡是可以悬挂在墙上的优美器物都可利用。但要注意饰品的大小要与墙面的空间具有良好的比例协调关系和均衡效果。

陈列的方向也很重要，同样一组绘画，做水平方向排列感觉平静、安定；做垂直方向排列，则显得富有激情。

花店的墙壁不可太花哨，以浅色为主，白色、绿色和浅灰色等都可以。有的花店自己动手装饰墙面，既经济又有特点。如在墙壁四周贴上特色棉布、壁纸、草帘等，或用各种包装用的手揉纸经揉皱后，用胶粘贴于墙壁上。还有的在墙面粘上碎砖块、鹅卵石等，以创造不同的质感和视觉效果。

比较现代时尚的花店设计中，必须考虑墙面使用镜子，可以增加空间界面，让空间扩大，并有效地加强视觉美学效果。

—— 地板设计 ——

地板在图形设计上有刚、柔两种选择。以正方形、矩形和多角形等直线条组合为特征图案的，带有阳刚之气；而以圆形、椭圆形、扇形和几何曲线形组合为特征图案的，则带有柔和之气。

装修地板的材料有瓷砖、塑料地砖、石材、木地板和水泥等，选用时主要应考虑店铺形象的需要、材料的费用、材料的优缺点等因素。

瓷砖的品类有很多种，色彩和形状可以自由选择，有耐热、耐火、耐磨及经久耐用等优点，其缺点是保温性差、易碎，且花店经常用水，瓷砖上浸水后，不易清洁。花店装修如果选择瓷砖，必须选有防滑功能的品类。

塑料地砖价格适中，施工也比较方便，且色彩丰富，为一般店铺所采用，其缺点是易被烟头、利器和化学药品损坏。

石材有花岗石和人造大理石，都具有外表华丽、装饰性好的优点，在耐水、耐火和耐磨等方面都很好，这是其他材料远不能及的。但由于价格较高，一般不被花店采用。

木地板光泽好，有保暖性，但易脏、易损坏、怕水浸。花店中经常给花换水，难免洒在地上，故不宜使用木地板。

水泥价格最便宜，但定位于中高档的花店不宜采用。

在花店中，铺上不同色彩、不同材质的地板，可以从视觉上和心理上划分出空间，形成领域感，创造一个象征性的空间。在不同的空间上可以有不同的陈设。

但不同色彩，不同材质的地板，在一个花店使用时，必须要有很强的美学设计能力来把控，不然达不到艺术性及视觉美学的效果。

—— 货架设计 ——

货架是陈列、展示和销售花卉的主要设施之一，能容纳和储存花卉，易于品种选择，取放方便。

货架有不同的构造、形式和规格，货架设计既要求实用、牢固、灵活，便于花艺师操作，便于顾客参观，又要适应各类花卉的不同要求。

货架的材质有很多，如木材、金属、塑料、藤、铝合金和角钢等。选择时要考虑花店的环境风格和价格。即可自制也可购买成品然后根据需要进行适当改制。

货架的布置方式会影响顾客的心理感觉，应当顺应顾客购物习惯，并满足其审美要求。

据调查，顾客的视线在货架上平均停留时间为0.6秒，这就意味着大部分花卉品种并未引起顾客的注意。

为了使顾客更多地购买花店最希望卖掉的花卉品种，即获利最大、最畅销的品种，合理地安排货架的位置十分重要，具体方法有以下几种：

一是在货架上陈列商品一般采用分层陈列法。陈列时按货架已有的分层，依一定的顺序摆放展示花卉。

分层摆放时一般是根据花卉特点、取放操作的方便程度、顾客的视觉习惯及销售管理的具体要求而定。

从顾客的角度而言，对各货架的关注是不一样的，这是由人们的视觉习惯造成的。平视时，视线会在头部与胸部之间的高度移动，这是因为人视平线成30°以内看东西最易被接受。人们不会蹲下来看每个货架的下面，或踮起脚来看远高于其视线平视的地方。

　　视角的不同会影响到花卉在不同层面货架上的陈列方式和数量。花店要充分利用好货架的空间，在货架最为引人注意、最具经济价值的位置摆放最易售出的花卉品种。可以将此位置视为货架的促销区，尽量扩大其陈列数量，以增加销售额。

　　顾客可平视的位置，最好陈列足够的商品；顾客的目光需要往上仰视的位置，陈列最好顺应视线摆放，这样可形成立体美感；对于货架下面的位置，顾客一般不会蹲下来看，因此下层不要堆放太多，将里面的空间填满即可。

　　二是要同时陈列数量较多的花卉时，必须将相同的或相似的花卉，分别组成较有规律的主体部分或一两个较为突出的强调部分，然后加以反复安排，从平衡的关系中找到完美的组合形式和生动活泼的韵律美感。

　　三是在花店中也可以专门定做1~2个柜台，用于陈列花肥、花药、红包、喜字等花店衍生商品。

　　柜台设计以中等身材人的身高为标准，商品陈列柜台的高度与宽度一般掌握在80cm×50cm左右。当然也要考虑店的大小和前后距离。

从顾客购买的角度讲，柜台销售属于低视角陈列，顾客一般要向下才能看到柜台的陈列商品。柜台陈列必须以适应近距离观看为主，柜台一般分2～3层，只适宜摆放小型商品，上层和中下层外部陈设的商品不是顾客注视的重点部位。柜台陈列时可在有背景衬托或有装饰性的陪衬下陈列。

　　过时和积压的商品不要堆放其中，以免给顾客产生花店经营不善导致商品积压的不良感觉。同时应注意在同一柜台内陈列的商品不能类别过多、过杂。

—— 专题陈列 ——

专题陈列又称为主题陈列。是结合某一特定时期或节日，集中陈列展示应时适销的连带性花卉，或根据花卉的用途在特定环境中陈列。如圣诞节前圣诞树、圣诞用品的陈列。

这种方式的陈列能适应某种花卉的选购热潮。有主题和销售重点的专题陈列是最常用也是最有效益的陈列方式。因为这种在店内明显处特辟一区，与店里其他杂物区隔开，经过精心设计，共同表现节日气氛、季节及新品种等主题的陈列方式，最能吸引上门的顾客。

这种陈列方式必须突出专题或主题，且不宜过多和过大。否则容易给顾客留下花店是在搞"借机甩卖"的错觉，造成顾客的反感心理。

—— 内部灯光设计 ——

在花店装饰布局中，科学合理地配置照明及装饰光源，既可吸引顾客的注意力，又能使顾客在视觉舒适的环境中观赏花卉，形成对花店购物环境的良好印象。

花店中使用的光源一般可分为自然光源、灯光照明光源和装饰陪衬光源三类。

（1）自然光源。自然光源是指花店中的基本照明利用自然光，既可降低费用，又能使花卉在自然灯光下保持原色，避免灯光对花卉颜色的影响。同时，人们对自然光的崇尚已开始超过对人工光的喜爱。而对于鲜花色彩的

饱和度而言，在条件许可的情况下，应以自然光为主。

（2）灯光照明光源。灯光照明光源是花店内的基本照明光源，起着保持整个花店基本亮度的作用。它一般安装在屋顶天花板或墙壁上，多以单色暖光灯为主。安装照明光源时应注意整体亮度要足够，如果整体亮度不足，则容易使人产生沉闷、压抑的感觉，难以形成活跃的购物气氛。

当然，特别有设计感的花店可以让灯光比较暗一些，突出局部照明。

（3）装饰陪衬光源。装饰陪衬光源是花店内装饰或陪衬花卉为主，兼作局部照明用的光源。主要起美化店内环境、宣传花卉品种和营造购物气氛的作用。一般可分为两类：一类是起装饰整个花店内部环境作用的光源，如彩灯、串灯、宫灯等，它们对营造购物环境气氛有重要作用；另一类是用于装饰和陪衬花卉的光源，一般安装在货柜内或离花卉较近的地方。可以视花卉品种的不同而采用稍暗的射灯或其他的单色光源。如在红色玫瑰花上面安装一个昏暗的射灯，会使玫瑰显得色彩饱满，更加美丽。在专门摆放艺术插花的区域安装射灯，也会产生特殊的艺术效果。这类光源对顾客的视觉有较强的影响。因此，需要注意亮度与灯光颜色对环境与花卉的陪衬作用和破坏作用。

在具体使用装饰陪衬光源时应注意，用于烘托整个花店购物气氛的装饰光源，要与照明光源协调搭配。装饰光源只起陪衬与辅助作用，不要喧宾夺主，不宜安装过多，亮度不宜太强，对比不应过大。对专用于装饰和映衬花卉的光源，应注意光色与花卉的协调。

如果花卉本身色调明快清晰，使用较朦胧的灯光才能产生较好的意境；如果花卉本身色彩较暗淡，应使用较强的灯光突出其形象。

—— 色彩的设计 ——

花店内主要部分的色彩宜清淡、协调，不宜采用任何生硬和强烈的色彩。因为色彩太强烈会喧宾夺主。不同的色彩对人的心理冲击是不一样的，因此色彩使用得当，可以把花卉衬托得更加完美。

花店内环境的色彩是环境设计的灵魂，环境色彩对店内的空间感觉舒适

度、环境气氛和使用效率，对人的心理和生理均有很大的影响。在一个固定环境中最先进入人们视觉感官的是色彩，而最具有感染力的也是色彩。

不同的色彩可以引起不同的心理感受，适宜的色彩环境能使人们从赏心悦目的色彩中产生美的遐想，这大大超越了花店本身给人的局限感。

在观察空间色彩时，人们会自然地把目光放在占有大面积色彩的物品上，因此对它们要特别关注。

环境色彩可分为背景色、主体色和点缀色三个部分。

（1）背景色。背景色是指花店内固有的天花板、墙壁、门窗和地板等设施的大面积色彩，根据色彩面积的搭配原理，这部分色彩宜采用低调的沉静色，如白色、灰色、水泥色和浅米色等，使它能发挥背景色的衬托作用。

（2）主体色。主体色是指可以移动的货架、展台及摆放的鲜花、干花和人造花的色彩。它是构成花店内环境的重要组成部分，花店的主体色应是五彩缤纷的。

（3）点缀色。点缀色是指店内环境中最易于变化的小面积色彩，如花瓶的色彩等。点缀色可以采用突出的强烈色彩。

　　花店内部的色彩处理，一般应进行总体控制与把握。应注意花卉千姿百态的造型和丰富的色彩，这才是花店要突出的主要地方。

—— 花店的设计风格 ——

　　花店的装修是体现开店构想和花庐特色的关键，因此装修的整体风格要统一，并且充分体现花店的特色。

　　花店的环境设计要有不同的风格，如欧式风格、现代风格、中国传统风格、乡村风格、朴素大方和豪华富丽的风格等。花店内各种物品的合理选择对室内环境风格起着画龙点睛的作用。因为物品本身的造型、色彩、图案和质感，均具有一定风格特征，所以具有强化花店环境风格的作用。

　　花店一旦选定了某一设计风格，则在装修材料的选用、灯箱、标牌的设计和花店物品的选购等方面都应遵循这一风格的特点。如花店定位于浪漫风

花店前期筹划

格，那么如果有圆形和方形两张桌子，就应该选择圆形的桌子；如果花店定位于欧式风格，那么无论多么喜欢草帘子的朴实和自然，也不能将其应用在花店中。

欧式风格：通常装潢华丽、浓墨重彩、样式复杂、材质高档、做工精美、端庄高贵，氛围内敛、稳重，注重细节，质地厚重的材料应用较多，宜选暖色，色调深一些。

欧式风格有的以时代命名，如路易时代、维多利亚时代等。在花店中可采用罗马柱体和壁炉，陈设大量仿欧家具、铁艺桌椅；在墙面上挂不同的油画等，可营造出欧式风格的花店。

花店采用欧式风格，因有高贵、典雅的特点，所以深受顾客喜爱。但需要花店有较强的经济实力。

现代风格：更贴近于平民百姓，可满足人们心理变化与发展的需要。现代风格是随着工业社会和科学技术发展应运而生的。不锈钢、塑胶、铝材和大块玻璃的广泛使用，能营造出花店空间的现代气氛。

民族风格：广义上讲是指代表本民族精神、性格、气质、素质和审美思想、文化传统的艺术风格。各个民族的心理特征、习惯与爱好等都有差异，反映中华民族特点的明式家具、传统的红木家具、屏风等都可以营造出中式风格。中华民族沿用了几千年的中式家具宜配梅、兰、竹、菊、松等东方式插花，再摆上仿古花瓶、古画等中式装饰物，插配略加造型的垂枝格，就更可以突出中式风格特点。

—— 花店室外环境的设计 ——

室外环境装饰是指花店门前周围的一切装饰形式，它是花店设计的主要内容之一。如广告牌、灯箱、霓虹灯、招贴画、花店招牌、门面装饰、橱窗布置等，均属于室外装饰。

从整体上看，设计精美的花店室外环境装饰是吸引顾客的一种手段。对顾客来说，具有引导的作用，也是促销活动的关键环节。

室外环境设计要有自由的风格和特点，装潢要充分考虑原有建筑风格及与周围店面是否协调等因素。

店面室外环境装饰要简洁，不宜采用过多的线条分割和色彩渲染。在整

体装潢上，可以从以下两方面进行设计：

第一，装潢要具有广告效应，既要给顾客以强烈的视觉冲击，又要展示花店店面的广告功能。花店的陈列橱窗、招牌、楼顶、墙面等都可拓展广告功能。

第二，装潢要结合花卉的特点加以联想，使顾客在店外就知道里面可能有什么品种的花卉。店面的室外环境装饰必须符合花卉行业特点，反映出花店的经营特色。

—— 店门的设计 ——

花店店门的安装位置要根据具体客流情况而定。面积较大的花店，大门可以安置在中央；面积较小的花店，大门安置在中央将影响花店的实际使用面积和顾客的自由流通，所以不宜采用。

店门应当是开放性的，不要让顾客产生幽闭阴暗等感觉，明快、通畅的店门才是最佳设计。

花店店门可采用全透明、无边框的整体玻璃门，由于这种门透光性好，可以让顾客未进花店便已感受到了鲜花的诱惑。

店门设计时还要考虑花店门前路面是否平坦，是水平还是斜坡，门前是否有隔挡及影响店面形象的物体或建筑，采光条件如何，噪声影响及太阳光照射方位等。店门口的台阶不宜太高，最好采用防滑设计，以便雨雪天气，顾客进出时不会滑倒。

其实，无论怎样的门面设计都有利弊。若是较封闭的门面设计，也许会造就一种神秘感，令人不禁想进去一探究竟。但弊端在于，会有一些比较害羞的客人在不了解内部环境的情况下，不敢贸然进入，即使好奇也望而却步。

而那种门面是一大面玻璃窗的开放式设计，会令客人经过时就能对店里的环境一目了然，增加了安心感，所以颇具人气。只不过这样的设计少了一丝神秘与个性，不是每一家花店都适用。

花店招牌的设计

花店的招牌是店铺重要的宣传工具。因此招牌要大而醒目，识别性强，要让经过的人远远就能看见且记住。

晚上招牌要有灯光照明，要经常检查灯箱是否完好无损。招牌上的字体要大小适宜，衬底色与字体色的反差要大，再配上简明、容易记忆的店名，才能够引起顾客兴趣和注意力，起到广告宣传的作用。

橱窗的设计

花店的橱窗既是一种广告形式，也是装饰店面的重要组成部分。它能形象、生动地向顾客推荐和介绍花卉品种，增加顾客的兴趣，激发顾客的购买欲望。

为了做好橱窗设计，需要深入研究所展示花卉品种的特色和顾客的审美习惯，让橱窗对顾客的购买心理产生正面引导作用，使顾客在进店前，通过观赏橱窗展示作品，就能初步了解店内经营花卉的信息。

橱窗设计不应只是花卉的堆积，要追求主题突出、格调高雅、富有立体感和艺术的感染力。橱窗设计应层次分明，一目了然。

花卉商品是橱窗的主角，所展示的鲜花、永生花、仿真花，应以优质、销量好的品种为主，并通过插花作品展示出花店的花艺设计能力。

那些式样陈旧、不符合大多数消费者审美要求的非主流花卉，一般不要在橱窗中出现。陈列的花卉要有所侧重、有所选择。而不是多多益善，更不能杂乱无章。否则会有碍于花卉的展示，不仅起不到促销的作用，还会给消费者造成商品不良的印象，更不易引起消费者的购买动机。

一、橱窗设计中应注意的事项

橱窗中心线与顾客的视平线高度要一致，使整个橱窗内所陈列的花卉都在顾客的视野中。橱窗陈列的花卉必须是本花店有出售的，而且是最畅销的

品种。

陈列花卉时，应先确定主题，再系统地分品种、分类别地围绕主题陈列，使人一目了然地看到所宣传介绍的花卉品种。橱窗下万不可随意堆放分散顾客视线的物品。

橱窗布置应注意色彩调和，花卉品种摆放要疏密得当，数量不要过多或过少。要做到使顾客从远处到近处，从正面到侧面都能看到花卉和品种的全貌。

富有特色的花卉品种应陈列在橱窗最引人注目的位置。橱窗陈列花卉品种应经常更换，特别是在节日宣传及陈列内容已经过时的情况下。

橱窗更换或布置，最好在一天内完成。在安排节日促销时，橱窗陈列的花卉品种必须在节日到来之前预先陈列、宣传，这样才能起到促销作用。

在橱窗设计和维护中，要采取防尘、防晒、防风和防盗等措施。橱窗应经常打扫，保持清洁，否则会给顾客留下不好的印象，甚至会引起对花卉品种的怀疑或反感，而失去购买的兴趣。

在安排节日、季节性的陈列时。橱窗布置应根据季节的变化，不同的节日进行，把准备大力推销的花卉品种，提前陈列在橱窗里，使顾客通过观赏，就能感觉到新的季节、节日即将到来。这对启发和指导消费者具有重要意义。这种陈列在橱窗的背景、道具、装饰、配色等方面都要表现出节日和季节上的特征。

二、橱窗布置的具体步骤

布置橱窗前应先画出效果图，经反复推敲认可后，再根据图样开始陈列布置。陈列布置可由以下几个环节构成。

第一步，清理橱窗。先撤除原橱窗中所陈列的花卉品种，然后撤除覆盖地板或装饰背景用的材料，再把旧的道具、支架拆下来，并尽量做到不损坏。最后，把橱窗彻底打扫干净。

第二步，背景处理。根据新的设计要求，改换背景。在橱窗陈列中，要使花卉品种能引人注目，背景色彩的处理至关重要。一般是在背景上涂上与

商品相对照或相协调的色彩来衬托商品。但要注意背景不能喧宾夺主。

　　第三步，组装道具。先把靠近顶棚的装饰物组装好，用尼龙绳垂挂或螺钉装配钉牢，以防脱落。组装完毕确保平正垂直后，再把应放置在地板上的道具进行定位组合。

　　第四步，陈列商品。按照陈列样稿的要求，把花卉定位摆放。在陈列花卉过程中，应先陈列靠近背景的花卉，然后陈列靠近玻璃窗位置的花卉。先从门的对角一边开始，依次向门的一侧陈列。花卉陈列完成后，要把预先制作好的价格标牌放好。

第五步，检查灯光照明。当道具支架及花卉全部装配布置完毕后，将电源接好，合闸供电，并检查橱窗的全部照明设备，保证其正常工作。

第六步，调整阶段。橱窗布置全部结束之后，设计者要打开窗帘、灯光，站在窗外，从近和远、左和右各个角度仔细察看，发现不妥之处及时进行调整，在确认完美后才可正式展示。

—— 花店外部的灯光设计 ——

花店的灯光设计主要针对人工光源安装。人工光源有两个基本作用。

一是直接用于花店的外部照明，即为了照亮花店的门面和店前环境而安装的，以实用为基本要求，其中以霓虹灯和橱窗灯为主。

二是为了渲染花店气氛、烘托环境而设立的各种装饰灯，目的是增加花店门面的形式美。

花店使用的光源一般分为两种：一是单色光源，主要以店内为主；二是多色光源，主要用于装饰，是外部装饰的主要光源。

由于人们对多色光的视觉反应不同，所以形成的心理感觉也不同。

玫瑰色光源给人以华贵、高雅的感觉。

淡绿色光源给人以柔和、明快的感觉。

深红色光源刺激性较强，会使人的心理活动趋向活跃。

蓝色光刺激性较弱，会使人的心理活动趋向平静，但也容易产生沉闷或压抑的感觉。

因此，门面外部灯光的使用首先应考虑顾客对灯光的心理反应。

花店外部灯光首先是霓虹灯，它是花店外观的重要组成部分，以补充显示花店招牌为主，兼有宣传美化作用。既可装饰花店外观，又可招揽顾客。

花店外部灯光的主要部分是橱窗灯，它属于外观灯饰。橱窗灯是近距离观赏光源，所以一般不应使用强光，灯光色彩间的对比度也不宜过大，光线的运动、变换、闪烁不能过快或过于强烈，否则会使顾客感到眼花缭乱，造成不舒适的感觉。

橱窗灯的设计的五种形式，分别为基本照明、聚光照明、强化照明、特殊

照明和气氛照明。

基本照明，是为了确保橱窗内基本的照明。安装不用支架，直接把不同造型的灯具装置固定在恰当的位置上，不能移动。一般在建筑橱窗时就要安装好。基本照明必须保证整个橱窗亮度均匀。

从灯光位置上分为顶光、边光和底光。

顶光是按照橱窗深度的需要，把射灯或其他灯具装在橱窗的顶部，安装时把灯头向窗内倾斜，把灯光隐藏起来，使光线直接向下和向后照射，防止灯光刺激顾客的眼睛。

边光灯具安装在橱窗的两侧，以垂直的方向排列，主要是为了消灭两侧的死角。

低光灯具安装在橱窗地板的前口，即靠近玻璃的位置上，是为了避免底部光线不足而补充的光源。低光的安装必须把光源隐藏起来，使其不影响橱窗的整体美。

聚光照明，是用强烈的光线来衬托花卉品种的一种照明方式。要使橱窗陈列的花卉全部展示在光亮处时，应该采用平坦型配光。

为使橱窗的重点更加明亮，则应该采用聚光照明方式。聚光照明一般多采用聚光灯、冷光灯、射灯、反光灯等，将一束束灯光射在需要的位置上，以突出陈列重点。

　　聚光照明必须选择能够自由变更照射方向的灯具，以配合布置和陈列商品的变化。聚光照明主要用冷光灯，不宜用热光灯。灯具与商品之间要注意留出足够的空间，让空气流通，以保证光源的散热需要。特别注意不要让灯光直接照射易燃的干花。

　　强化照明，是通过光的效果衬托花卉的照明方式。使用装饰照明器具时，在设计上应和橱窗陈列的商品和谐一致。此外，橱窗照明以重点突出一类或一个系列商品为原则。

　　特殊照明，是配合橱窗陈列商品的特殊需要，采用更有效的表现方式，以使特殊照明部分的陈列品更加引人注目。如光线从下方照明商品的脚光照明，能表现其有轻轻浮起的感觉；使用柔和的光线包容起来的撑墙支架板照明方式，光源一般宜安装在看不见的位置。

　　气氛照明，通过气氛灯光设计可消除暗影，在特殊陈列花卉中制造出不同的效果。在橱窗灯光中还可以用加滤色片的灯具，制造出各种色彩的光源，构成戏剧性的效果。

—— 店铺音乐的作用 ——

　　俗话说"先声夺人"，这说明声音能在第一时间吸引人的注意。而在店铺中用到的"声"就是指音乐，例如很多店铺都播放一些流行歌曲来吸引顾客前往购买。

音乐可以陶冶人的灵魂，培养高尚人的情操，引起愉快的情绪和欢乐的情感。悠扬的背景音乐无论是用在咖啡厅还是花店都能营造出融洽的氛围，得到人们的喜爱。在花店中巧妙地运用音乐，同样会对销售起到很大的促进作用。

因为花店更多销售的是高精神附加值的商品，所以学习顾客心理学更有必要。花店购物环境对所播放的音乐是有一定的要求的，经营者的目的是要把商品卖出去，这就需要去了解购物者的心理。其中包括购物者在挑选商品时有"慢慢"的、"精挑细选"的心理时（当然也有例外的特殊情况），却往往会听到一些当下流行的、节奏感很强的、大音量的、速度很快的、甚至很噪的歌曲或音乐。当购物者听了这些类型的东西后心跳会加快，在挑选商品时也会匆匆忙忙，从而不能达到"完全购物"的目的。

所以应该播放速度在每分钟60拍左右的、少有打击乐的、动态小的、音量适中的、纯钢琴的、钢琴与弦乐的、木管的纯音乐，而不是歌曲。因为歌曲在较小的音量下，伴奏显现的很小，到达人耳的声音只是哼哼呀呀的人声。

总之，花店的音乐必须是让人能感受时尚、高雅。

花店

开业
准备

花店的主角当然是鲜花。但选择什么类型的鲜花、从何种渠道进货，这两件事对花店能否受顾客欢迎以及欢迎的程度，起着决定性的作用。

选择什么类型的鲜花。其实与你的店想转达的理念相关。

在网购发达便捷的今天，人们需要的大部分东西都无须特意去店里购买。即使店内都是人气产品，但只要在其他地方，如网络上也能购买得到，就不会吸引客人特意赴店。

因此，拥有一些独具理念且不易在他处购得的商品，显得尤为重要。不过也不能过度追求独特、猎奇的题材，而忽略了商品是否真的受欢迎。所以，最好每隔一段时间，就重新审视一遍自己的商品。

进货渠道是开花店的关键。因为鲜花的质量和价位，是你赢得市场的法宝。找到自产自销的货源，可使你赢得最大的利润空间。

开花店，进货渠道是成功之本，进货渠道不管是本地，还是产地，一定要选择品质好的花材。这对于初开业的中小花店十分重要，往往决定了以后的发展方向。

可以从以下几个方面选择进货渠道。

一是要货比三家，比如有的批发商的玫瑰花好，有的百合好。

二是中小花店老板要亲自了解各个级别鲜花之间的区别，如果当地的批发商普遍花材质量较低，则可以跟批发商订购级别高的优质花材。在节假日等用花量大的日子，也可以考虑直接从鲜花产地批发拿货。

三是中小花店的进货渠道可以选在有花卉生产基地或鲜花出产地城市的郊区。产品既有鲜花，也有盆花，还有一些特色种类，相比批发商的产品，可以进更便宜、更新鲜，也更适合本地市场的花材。

中国目前最大的鲜花供应地在云南昆明斗南花卉市场和广州芳村岭南花卉市场。一看名称就知道：这两个批发市场一个位于云南昆明的斗南村，一个位于广州芳村区的岭南。

全国各地的鲜切花90%以上来自这两个批发市场。目前已成型的全国鲜花基本销售渠道如下：

（1）供应商：昆明国际花卉拍卖交易中心——国内外重要花店，出口花商。

（2）供应商：昆明、海南、广州产地花业公司——批发商、（花量较大）花店。

（3）供应商：昆明斗南、海南海口、广州芳村、岭南基地——批发商、（花量较小）花店。

（4）供应商：进口花卉贸易公司北京、上海、广州——重要大花店。

如果你附近有较近的二级批发商，也可以在权衡运费、到货时间和价格的基础上综合考虑到哪里进货。

如果你的店较大且长期用花较多，或者你就准备做鲜花批发，那么建议去昆明或广州去看看，现场感受一下气氛，选择几家昆明或广州的供货商为你供货。昆明和广州的供货商最小起发量为一箱（约50公斤，可以要求各种不同的花混装一箱）。

运输渠道有航空、铁路和公路零担快运几种方式，具体选择什么运输方式要根据你所在城市及季节考虑，广州和昆明的批发商会提供多种途径供你参考选择。

如果不能亲自去昆明或广州，那么通过互联网了解鲜花产地情况和订货也是一个很方便的途径。

一、花店商品陈列的基本原则

（1）容易判断原则。很多时候我们认为大家是在用眼睛看花，其实嗅觉和触觉也能"看"花。所以要让顾客和花的距离更近一些，甚至让他们伸手就能触碰到花或者盆，这个动作就会激发兴趣点。

在每种花儿前都贴上标签，写明是什么花及基本信息，使顾客能很容易地从各种花儿中判别出眼前的这种花的种类，容易引发顾客购买。

（2）显而易见原则。一般来说，和眼睛平行的高度是顾客最易看到的范围，要把重点推介的花材放在这个高度。此时不论顾客是否需要买花，首先要让他产生拥有的愿望，然后才有可能循环着看。

（3）先进先出原则。因为鲜花极易因摆置过久而缺失水分导致凋谢，如此的话那些花就没有了新鲜时的美丽动人，难以激起顾客的购买欲。所以更应该遵守先进先出原则，在一定程度上保证顾客买到新鲜的花，这是先进先出原则保护消费者利益的一个重要的方面。

二、花店陈列的形式

（1）系列式陈列。系列式陈列大多是为完整展示某一花材的品种而

设置的。如情人节时，花店陈列以玫瑰为主，但需要有不同包装样式，规格及色彩等，这种陈列方式能很好地突出某一类花的品种特点，突出系列性。

（2）系统式陈列。系统式陈列是指同时陈列几种花卉的品种，但这几种在使用上必须是互相联系的，易引起消费者对花卉的品种的系统认识。系统式陈列的好处在于：一方面可以体现花店的品种齐全。另一方面可以帮助消费者提高鉴赏能力，缩短购买时间。顾客对陈列的连带性花卉的品种有了认识后，往往会一次购买，避免浪费时间。花店通过系统式陈列，不仅可以扩大主要花卉品种的销售，还能把其他附属性的花卉品种同时销售出去。

（3）综合式陈列。综合式陈列是一种常用的陈列方式，将各种花卉品种，经过组合搭配，尽可能丰富地展示出来，但要避免杂乱无章。经过有意识的设计，做到既丰富多彩，又井然有序。

（4）专题式陈列。专题式陈列一般以某种花卉品种有关的专题为主线来选择和布置花，即突出了花，又具有丰富的内涵。陈列中既可有实物陈列，也可以有与花卉品种有关的内容，如有关的文字介绍、图片、照片等，使顾客根据花卉品种的陈列的主题有针对性地加以选购。

新开的花店宣传造势方法有以下几种：

（1）提前造势。很多店在装修期间的宣传是一片空白，十多天的装修期，店门口人来人往，这么好的宣传机会却白白浪费了。

其实这时可以做一个显眼的大幅喷绘，一个临时性的广告，花费不是很多，一百多元就可以。展示的广告既可以是为即将开业的品牌形象宣传，也可以是开店促销的一点儿信息透露，还有一种省钱的方法就是拉一个条幅，上写"距某某店开业还有多少天"，也是不错的。既造成顾客的期待与好奇感，又能为即将举行开业典礼造势。

（2）选对时间。开业时间的选择很重要，要尽可能网罗最多的顾客，造成轰动的效果。一般选在周五或周六开业是最好的，因为一周当中这两天是人们最有购物欲望的日子，也是人流量最多的时候。顾客是有从众心理的，喜欢热闹，喜欢人多的地方。有的店主说得好，甭管今天做了多少业绩，看着人多就舒服。

（3）促销造势。开业促销一般是办理会员卡，把卡做得精致高雅一点儿，让顾客一见就喜欢。比如可以在背面印上"谨以此卡送给成功女性时尚女生有女人味的女人"，这样所有的女性都能对号入座，一网打尽。

（4）营造气氛。开业一定要有开业的气氛，要让顾客知道你是在开新店，可以摆些花篮，至少要有八个，太少了营造不出热闹的气氛。当然如果条件允许，也可以有充气拱门。

开业气氛的营造能增加顾客进店率。另外音乐也是非常重要的因素，而且一定是要有动感的音乐。没有音乐的店面是可怕的，开业时当你试着把音乐停下来，人们说话的嘈杂声一下子就凸显出来，大家会一下子显得不知所措。音乐声掩盖了人们的嘈杂声，同时也增加了顾客的安全感，静悄悄的店面让女性顾客缺乏安全感，不利于放松心情购物。

制作花店网站
FLOWER SHOP

在互联网时代，网络宣传绝对不可忽视。为自己的花店创立一个有特色的网站，并不只是为了好玩。

网站的第一用途，是宣传花店与众不同的独特魅力。通过不时发布和更新花店的最新消息、新进产品，甚至建立一个店主及店员的日常BLOG，记录花

店成长过程中的每一桩、每一件小事，感受员工伴随着花店的发展而进步……只要用心经营，就能令你的店在众多普通的花店中脱颖而出。

网站的第二用途，是进入网络商店这一领域。网购如此发达的今天，与其单独经营实体店，不如结合网店模式更是相得益彰。

开始推广时，尽量把每一分钱花的物有所值。推广哪款商品就把哪款商品的关键字链接指向其相关的产品页，提高用户体验度。直白点说就是人家要买手机，结果网站一打开看到的是MP3，那肯定是驴唇不对马嘴，效果也肯定体现不出来。

可能有些读者会觉得我说这些话有些多余，可事实上不少网站为了点击率就会有心无心地做成这样。还有一些企业网站首页喜欢做成很漂亮又烦琐的flash网页，造成打开网点的速度慢，很多客户可能还没有等你的网站打开，就没耐心地离开了，钱也花了，客户却白白地就流失。

广告描述里面能把联系方式加上就尽量加上，如果广告描述得比较贴切，又有吸引力，可能客户直接就打电话过来咨询，点击费用都省了！这招现在很多企业都开始使用。

不是排在第一位就一定是效果最好的，但排在第一位肯定是花钱最多的。很多企业就喜欢把排名做到第一位，其实个人认为根本没那个必要（当然不排除有些企业人家确实有钱任性，排在第一位看看都有自豪感），排在第二位、第三位的效果也不一定差的。

与其把心思花在排名上，不如多花点儿心思把广告标题和描述写得有水平一些。要知道广告是要收费的，而且有点小贵，点击一次收一次费，所以不能盲目追求高流量和点击率，而是应该追求高的投资回报率。有些好的网站也可以把你所提供的产品和价格显示得更明确，更能刺激顾客的消费欲望。

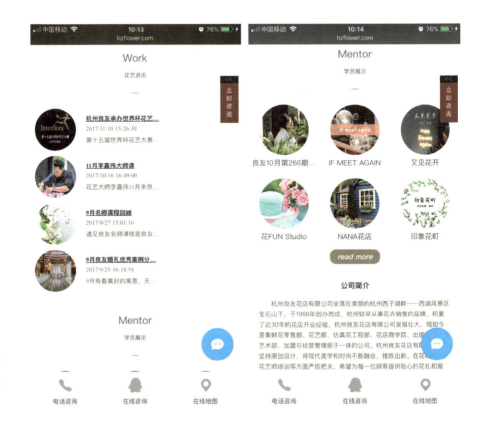

花店微营销
FLOWER SHOP

微营销就是基于大众化网络媒体（社会化网络媒体）上的一种平台。简单一点说，就是利用微信、微博等大众化网络媒体，来作为平台进行营销宣传和营销。

做好微营销，首先必须具备三个大条件：

第一个就是锁定精准的客户群体。微信公众号分为三种：个人公众号、企业服务号和企业订阅号。这三者是有非常大的区别的。由于网络上有大量的水军存在，一般花店微营销只能较多锁定个人公众号或者企业订阅号。

如有一家花店的企业订阅号共有10000名关注者，其中8000名是通过地推、扫码等有偿活动进来关注的，很有可能这些对象大多从来没有与线下实体店进行过消费等实质性联系。

但是当第10001名待关注者因为自己有需求，搜索并关注了花店订阅号时，便通过查看使得他成了第10001名关注者。对他来说，他的内心会是带着满足感的，对花店来说，其实这才是最需要的精准客户。

第二个就是用完美的装饰空间及互动来留住客户。用"视频图片"营销策略开展微信营销，首先要在与微友的互动和对话中寻找并利用好商机，进而开拓出新的市场。要为潜在的客户提供个性化、差异化的服务。

其次，善于借助各种技术，将花店产品、服务的信息传送到潜在客户的大脑中，为花店赢得竞争的优势，打造出优质的服务。让我们的微信营销更加"可口化，可乐化，软性化"，更加吸引消费者的眼球。

第三个也是最重要的，就是如何在这些客户中开展切实有效的营销了。

另外补充一点问题，所谓自媒体，听名词应该就明白：即以自我为中心，让更多的人来关注我的一举一动。微营销采用的营销方式也算是一种自媒体，怎样运用自己这个媒体，推荐几种方法。

第一，互相关注。

第二，建设完美的自媒体平台。比如微信公众平台，除了内容丰富外，更多的是让客户知道你有东西可看，最重要的是带动客户的积极性。方法有很多种，如开展活动，提供奖品，作为一个花店的老板，相信在这一块肯定不会有问题的，并且应该有自己的思路和与众不同的做法。

前面讲到三个大条件，下来再阐述一下几项小的条件。

（1）我们在做微营销前，必须了解自己面对的客户群体。显然，微信营销在这方面具有更为鲜明和更为准确的特性，因为微信营销，往往从朋友圈开始入手。物以类聚，人以群分。往往我们锁定了一个客户，就相当于锁定了一群客户。所以了解自己面对的客户群体的需求，显得尤为重要。

（2）我们同时也要给自己的店铺做一个规划，比如几年内做到什么程度等。

（3）在众多同质媒体中脱颖而出。微信的朋友圈具有很鲜明的几大特性：地域性、行业性和小群体性。地域性比较容易理解，比如你是杭州人，你一般在杭州生活，那么你的朋友圈也主要是以杭州地区的人为主；行业性主要是指同事关系、同行交流等原因而建立的特性；小群体性主要是针对一些如同学关系、孩子关系等原因而建立的特性。如何发挥自媒体，就要根据这些共性与特性进行针对性的发挥。

（4）渐渐形成一套个性化的微营销思路。花店的订阅号要定期发更新动态，发一些励志的人生感悟，甚至一些与店铺内部有一定联系的搞笑的段子，这样才能吸引别人关注你。

建议：刚开始不要一味发广告。这样刷屏，只会让人觉得反感！可以用故事营销来打开局面。如品牌塑造时采用故事的形式注入情感，增加品牌的核心文化，并在产品营销的过程当中，通过释放品牌的核心情感能量，辅以产品的功能性及概念性需求，进而打动消费者的心灵，从而保持产品在稳定上升的过程中有爆发性的增长。

微信营销是一个非常之大的工程，不仅仅是工作量大，更为凸显的是关注的人数量大。一篇好的软文，可能不需要5分钟，便出现在几百万人的眼前和全世界各个角落。同样，微信营销也不能停留在传统的思想和习惯性做法上。

开花店，在以前就是店铺与消费者之间的事。慢慢地发展成为店铺、消费者、收花者三方的事。到如今网络时代，卖花不是卖花，更多的是卖服务、卖精神产品。而无论开什么样的花店，要在服务上完全战胜别人那几乎是不可能的事。那么该如何让我们的花店在众多花店中脱颖而出呢？这也是值得每一个花店经营者深思的问题。

网站是具体的，品牌是抽象的。网站和品牌本身就是相辅相成的，没有网站在消费者眼中出现，就不可能有品牌的潜意识灌输。但是如果没有品牌作为支撑，再好的网站也会随着时间而被遗忘。网站极易过时落伍，成功的品牌却能够经久不衰。套用品牌大师史蒂芬金的一句话：网站是制造者生产出来的东西，品牌是消费者所购买的消费文化。网站可以被竞争对手模仿，而品牌却不能。

打个比方：同样的香烟，万宝路公司给自己的香烟定义为真男人、纯爷们的香烟。购买者到了柜台看着包装和品牌定位，就会觉得抽万宝路的男人才是真男子汉。这就是品牌带给香烟的意义，同样也因为这样一个定义，万宝路在香烟市场上找到了属于自己的天地。

品牌以网站为载体，正如前文所言，两者是相辅相成的。网站不一定需要品牌，而品牌却一定需要有网站。网站是品牌的基础，没有好的网站作为基石，大多数没有进入过实体店消费者就不可能认识你这个品牌的定位，即使是你投入了大量人力物力营造的品牌，也不会有大的影响力。

要让消费者认可你的理念，前提条件就是让消费者必须接受你的网站功能。同时必须让网站与消费者之间建立某种密不可分的关系，这样才能让网站赋予品牌的定位深入人心。

网站会落伍，成功的品牌却经久不衰。任何网站都会随时间的推移而逐渐被淘汰，因为文明在进步、网站在更新换代。没有任何网站能够占住龙头位置超过一个世纪。

但如果品牌在期间建设得深入人心，围绕着旧网站开发出新网站来占领市场，并成就强大的品牌效应，依然可以让新网站占有绝对的市场影响力。

花店

员工
管理

以店长
作为主管人
✳
FLOWER SHOP

　　花店店铺管理说到底就是做人的工作——对外是与顾客的沟通，对内是员工的管理。其中观念整合是先导，沟通交流是主旨。因此，作为店长最重要的任务就在于培养与员工之间健康的管理与被管理之间的关系。

　　作为一店之长，唯有兼具感性的魅力和理性的组织分析能力，才能做好员工的管理。

　　店长要调动店员的积极性，树立自己的领导地位，除了率先把自己的工作做好外，还必须做好以下三方面工作。

　　（1）圆满推动店铺工作。对于店铺的经营方针、目标实现有强烈的责任心，对困难和挫折有非凡的忍耐力。

　　（2）促进内部的统一协调。向店内员工传达营销重点内容，听取员工的建议，秉公执行店内的规章制度，对员工实施奖惩制度等。

（3）激励店员的士气。清楚认识员工的优缺点，用其所长，抑其所短。制定适当的目标，对员工通过努力而取得的成绩给予必要的奖赏，使团队内部充满正能量和活力。

店长既要保证每日业务工作圆满完成，又要合理安排员工的工作，充分使用好宝贵的人力资源。因此必须有详细、周密的业务分工和对店员的日程安排。

一、做好业务分工计划

（1）做好预测。根据周边环境、有竞争的花店情况、节假日等因素，预测不同时间段的销售额、顾客人数、销售数量。

（2）制订业务计划。根据预测制订每月、每周的工作计划。其中要考虑

订货、整理、换水、包装制作等工作量的多少。

（3）制订店员出勤安排表。根据业务计划，掌握好适当的工作量和每个店员的工作安排。在此基础上制订月和周的出勤安排表。

（4）对店员的工作进行合理安排。为保证正常营业，把订货、补充商品、接待顾客、销售、提供服务等工作合理分配给每个员工。具体包括何种工作、多少工作量、在什么时间内、安排给何人完成等。

（5）明确下达操作指标。制订好分工计划后，通过操作指示来明确每项工作的具体操作规程。

二、做好作业分配

作业分配的目的，是使店员在预定时间内完成花艺作品、花束等的制作，完成店铺的销售。店长在进行作业分配时，需要先制作一张作业一览表，以便进行人员工作、花艺作品的制作、花材分配，以及在规定时间内完成任务后，做好水处理、保鲜剂处理、运输和检查落实等工作。

以上工作分配需要包括的内容为：理货、陈列、接待、换水、物流等每周的固定例行作业。

店长按照以上作业量规划好之后，需要落实到每个具体人员，明确完成何种作业。

员工绩效考核
*
FLOWER SHOP

作为店长，其工作关系到店铺的生存和发展，要让团队充满活力，必须有行之有效的考核制度。做得好，重奖；做得差，重罚。否则店铺就会是死水一潭。因此，即使规模不大的花店，如要想走上健康发展的道路，也需要建立起合理的绩效考核制度。

绩效考核的目标：绩效考核是企业管理者与员工之间的一项管理沟通活动。考评的结果可以直接影响到薪酬调整、奖金发放及职务升降、辞退等诸多员工的切身利益。对员工进行绩效考核，目的是为了正确地评价员工的工作。

一、从公司或花店的角度出发

（1）获得确定工资、奖金的依据。其重点在于对工作成绩（绩效）考核。例如，解决涨工资和发奖金的问题——"谁应该涨""谁不该涨""涨多少"等，都能以考核结果确定，让员工心服口服。

（2）获得潜能开发、培训的依据。重点在工作和能力适应性考核。例如，了解员工培训和教育的需要——"谁需要什么样的培训""培训应达到什么效果"等。

（3）获得岗位调配、晋升的依据。重点在于工作能力及发挥工作表现考核。例如，解决员工的人事调整问题——"谁该晋升""谁能调岗""谁该辞退"等等。使员工明白企业制定的目标，以确保其实现。

二、从员工的角度出发

了解花店（公司）对自己工作的评论。明确自己改进和努力的方向。使每一位员工都了解其职责、职权范围及与同事的工作关系。

—— 考核的原则 ——

员工在花店工作时，希望自己的工作成绩得到店长及同事的认可，得到应有的待遇，希望通过个人的努力取得事业上的进步和成功。同时更有希冀得到上级对自己努力的肯定和指点。为了满足员工渴望公正评价的要求，在绩效考核中应确定以下几项基本原则。

（1）明确化、公开化原则。考评标准、程序和对考评责任者的规定，都应该在店铺内向全体员工公开。

（2）客观考评原则。首先要做到"用事实说话"，考评一定要建立在客观事实的基础上，而不是传统的、在人与人之间进行比较的方法。

（3）单头考评原则。对各级员工的考评，都必要由被考评者的直接上级实施。直接上级相对来说是最了解被考评者的实际工作表现（成绩、能力、适应性），也最有可能反映其真实情况。这里的直接上级是指部门上级，如花艺部、花艺工程部、门店销售部、园艺工程部、婚礼工程部等的总监、经理等部门领导。

（4）结果反馈原则。考评的等级之间应当有鲜明的差别界限，针对不同的考评结果，在工资、晋升、使用等方面应体现明显差别，使考评带有刺激性，达到激励员工上进的目的。

员工奖惩管理
FLOWER SHOP

　　对员工无论是奖励还是惩罚，都要讲究方式和方法。一个人的优点和缺点都是相对的，是处于发展和变化中的。对员工的奖惩管理就是为了创造条件，发挥员工的优点，并尽可能地抑制其缺点。

—— 奖励员工的有效方法 ——

　　（1）升迁的机会。多数员工都希望在工作中有晋升的机会，没有前途的工作会让员工因看不到希望而感到不满，最终导致辞职。

　　（2）有趣的工作。热爱一项工作是做好这项工作的前提，管理者应把主要精力用来判断员工的能力大小和兴趣方向上，认真负责地为你的员工选择和安排好合适的工作，如果能将员工兴趣爱好与工作任务结合则更好。

　　（3）公司的赏识。员工们不仅需要归属于员工群体，而且还需要归属公司整体，从而成为公司的一部分得到公司的认可，并找到合适自己的位置。所有员工都希望得到公司、花店领导赏识，甚至最好能晋升到与公司决策层一起研究工作，让老板能听到自己的见解的位置。

（4）开放的管理。让下属全面了解公司的发展计划及努力方向，才能激发他们的工作热情。一个花店需要发展，就必须将经营理念、发展目标明确化，把发展目标转化为员工的使命。

（5）更大的权力。管理者在向下属分派工作时，按照权利相等原则，也需要授予他们必要的权力。

（6）正面的回馈。管理者有责任对下属的工作给予正面的回馈，以加强他们的自信。

（7）必要的培训。支持员工参加职业培训。如岗位培训或公司付费、部分补贴等方式的各种学习班。

（8）店铺奖励的实用办法。奖励旅游，为满一年以上的优秀员工多发一两个月工资作为奖励等，都是较实用有效的奖励方法。

—— 如何进行员工的激励 ——

所谓激励，就是激发和鼓励人的积极性使其朝着某一特定目标行动的行为。激励的形式按人们的一般需要分为物质激励和精神激励两方面。店长要通过调查了解店员的真实需要，建立满足各层次需要的激励制度，才能更好地调动店员的工作积极性。

著名心理学家马斯洛把人的需要划分五个层次：生理上的需要、安全上的需要、情感和归属的需要、尊重的需要、自我实现的需要。这些都需要花店经营者深入学习和了解。

一、激励的目的

表达感谢，认可其付出的价值，提供适当的鼓励。

缓解困境，提供选择，使工作变得有趣。

二、激励的形式

描绘远景、授予权力、给予赞美、听其诉苦、奖励成就、提供培训。

三、激励实施的方式

（1）明文规定的物质奖励。

（2）弹性给予的物质奖励。如老板给予额外的物质奖励。

（3）给予店员正面的回馈。通过不同方式，让员工了解他们的工作表现优异。

（4）公开表彰店员的表现。如升迁、颁发最佳员工奖等。

（5）私下安慰店员受到的委曲和肯定员工的表现。如请吃饭，给予额外休假等。

如何应对
人员的流失

FLOWER SHOP

花店中优秀的员工流失和流动过于频繁，都会给店铺造成招聘、培训等显性成本的增加，还存在声望降低、员工士气低落、工作流程中断、顾客不满等隐性成本的风险。

人员流失的原因主要有：薪金原因、发展原因、培训原因、上下级沟通原因、缺乏公平竞争的环境、发展上升空间狭窄等。

（1）考察员工薪资在同行中的竞争力和吸引力。

（2）设计适合员工需求的福利项目。

（3）对不同的人员岗位有不同的激励措施。

（4）重视对团队的奖励。

（5）厚待高层员工和骨干店员。

（6）将绩效评估和职业发展紧密结合。

（7）提供培训机会，将培训作为一项福利。

（8）提供员工喜欢的工作环境。

（9）进行有技巧的离职面谈，了解员工离职的真正原因，避免再次发生。

（10）定期的员工满意度调查。

（1）岗前培训。在正式上岗前要对新员工进行短期的岗前培训，使其对自己的工作单位有更深刻的认识，对自己今后从事的工作有更全面、更清醒的了解。

岗前培训要教会新进员工按照确定的工作流程、规则、习惯及工作方法等标准程序来操作。例如，新员工上岗前要与老员工跟班轮训7天，通过业务上的传、帮、带，使其上岗后能尽快进入状态。

（2）分配工作岗位。一个新员工招聘入职后，第一个接触的上司给他的影响最大。如果这位上司是业内优秀人士，新人能从他身上学到许多东西。因此，在给新员工分配工作岗位时，那个工作岗位上一定要有一名优秀的指导者。

（3）做个详细计划。针对新员工的计划要越详细越好。首先要将工作的知识性、技术性和各个岗位固有的传统精神等，详细且容易了解地列出来。计划中比较困难的是"态度训练"，可以通过教导新人要具有责任感，并依据下列项目来教导他们。

切实地完成已经决定的工作。

要和有关工作人员保持密切的联络。

发生故障或跟不上工作进度时，不要一声不吭地自己扛，可向上级提出，依靠团队力量设法解决。

花艺、花束作业完成后的整理和总结。

（4）员工的教育。完成上一项后，接下来就是实际上的教育问题。例如，新员工可能为图省事，到周末才会在出勤表上将一周出勤的时间写上。这时老员工必须坚持原则，说明理由，让新员工严格遵守规定。

激发员工
的工作意愿
✳
FLOWER SHOP

员工管理的目标是让其愿意为花店尽力贡献自己的才华，也就是在店长的领导下努力积极地工作。因此，店长要坚持与员工进行沟通，善于倾听员工的意见，维护好员工之间的紧密合作关系，化解员工之间的矛盾，激励员工的士气。

主要可以从以下几个方面着手。

（1）对员工工作的安排。解决员工做什么的问题，确保员工明白工作的具体要求，并在工作之前提供指导和帮助。

（2）工作执行。解决员工如何做得更好的问题，确保员工正确地按照要求来执行任务。解决好工作效率低下的因素，并在工作过程中提供支持、评估和结论，激励员工提高工作专业技术和与顾客沟通的能力。

（3）职业发展。解决员工将去什么地方的问题，识别职业发展中员工的潜力，选择时机，向员工提供有利的职业发展建议，支持他们达成职业发展各阶段的要求。

（4）员工的个人生活。了解并能理解员工的感情需求，并清楚所能提供其支持的界限，进而能够从员工的角度来考虑所面对的种种问题。

（5）员工工作满足感。员工工作满足感是员工对工作或工作经验的评价所产生的一种愉快的或有益的情绪状态。

工作满足程度取决于员工个体对工作及其回报的期望值和实际值的差异。对工作的期望主要包括对工作环境、管理环境、工作重要性、工作挑战性和工作优越性等的期望。工作回报的期望主要包括对工作报酬、工作评价、工作奖励等的期望。

（6）还应特别注意以下各点：

让员工明白团队合作的重要性；

维持员工之间的融洽工作和相处气氛；

定期召开小组例会，让员工清楚总部、老总的方针及自己的计划安排；

分析总结花店的营业状况，调动员工努力实现计划目标；

分析店铺繁忙及空闲时段，合理调配人手；

合理分工和排班，调动和安排好吃饭休息时间等；

注意员工的精神状态和工作情绪，以便提出改进意见，并以身作则带动员工营造饱满的工作热情；

对新招聘的员工，应安排熟练人手照应，保持店内人际关系良好，避免某些不太合群的员工被冷落；

听取员工意见，及时改进自己的工作方式和方法，提高工作效率。

团队是指员工和管理层组成的一个命运共同体。该共同体要合理利用每一个成员的知识和技能以协同工作，解决问题，实现共同的目标。就花店而

言，团队就是指由店长和所有店员组成的共同体。想要组建一个强大的团队，需要具备以下五大要素：

一、目标

团队必须要有一个既定目标。团队的目标必须可以细分成小目标，具体到各个团队成员身上，大家合力实现这个共同目标。

目标应有效地向大众传播，让团队成员都知道这些目标，以此激励所有成员为这个目标去奋斗。

二、人

目标必须通过人员得以具体实现。如有人进行总体规划、有人制订计划、有人实施执行、有人组织协调、有人监督考核，才能最终实现目标。

成员是构成团队最核心的力量。不同成员通过分工来共同完成团队的目标，所以在选择人员时要慎重考虑他的能力、技能、经验等。

三、定位

团队定位。如团队在企业中处于什么位置？由谁选择和决定团队的成员？团队最终应对谁负责？团队采取什么方式激励下属？

个体定位。如作为成员在团队中扮演什么角色？是制订计划的还是实施或者考核？

四、权限

整个团队在组织中拥有什么样的决定权。如财务决定权、人事决定权、信息决定权等。

组织的基本特征。例如，组织的规模有多大，团队的数量是否足够多，组织对于团队的授权有多大，承接的是什么类型的业务等。

五、计划

行动执行方案、目标最终的实现，需要一系列具体的行动方案，可以把计划理解成目标完成到何种具体程度。

按照计划实施。提前按计划进行，可以保证团队项目进展顺利。只有在计划的指导下，团队才会一步一步地贴近目标，从而最终达到目标。

员工建议书

FLOWER SHOP

建议事由

改善方法

改善步骤

改善效果

姓名	岗位	职称	提案日期

使用说明：
目　　的：建议员工在工作方面做出改善
填　　写：根据考查结果填写

开一家
美丽的
花店
094

店面外部
环境调查表
✳
FLOWER SHOP

调查内容	优秀	一般	较差	改进措施
店面位置				
交通方便程度				
本店商圈内的户数				
商圈内的户数增长率				
商圈内大型设施				
将要在附近开店的 竞争对手				

调查内容	优秀	一般	较差	改进措施
招牌显眼程度				
出入口大小				
橱窗及玻璃清洁程度				
橱窗内装饰				
出入口及窗户能否看清店内情况				
店内照明情况				
店内色彩协调程度				
店内卫生状况				
人员精神面貌				
鲜花新鲜度				
植物生长情况				
花艺、植物陈列情况				
营业人员服务态度				

使用说明：

目　　的：了解店内环境情况，以便有针对性地加以改善

填　　写：根据考察结果填写

员工奖惩
公布单
FLOWER SHOP

姓名	职位	奖惩内容	级别

总经理核示　　　　　　经理核示　　　　店长核示

新进人员
培训计划表

FLOWER SHOP

主题	讲师	方式	时数	备注
公司文化与发展				
公司规章制度				
公司前程规划				
团队工作				
就业理论				
服务简介及说明				
顾客购买心理与类型分析				
综合产品简介及说明				
鲜花保鲜及日常养护				
植物的养护知识				
每日开店作业管理				
服务管理与说明				
卫生换水管理				
安全管理				
顾客投诉处理				
其他				

花店的
进货管理
FLOWER SHOP

（1）合理的进货。选择进货品种的依据首先来自于对花店日流量的准确把握。其中，还应包括现场陈列品的数量，保鲜冷藏柜中的存量等。

不管存量表现为何种状态，要想使进货有较高的科学性，必须随时掌握店内商品数量的实时动态。在节假日期间更要预订好合理的用量，做到心中有数。这是合理进货的基本前提。

（2）具体细致的商品进货管理。在日常销售和营业展示过程中，要形成具体、细致的管理制度。对商品陈列、陈列方式、标价、进货时间、保质期等有关具体品种的各方面特征，都应实行具体、准确、细致的管理。

（3）了解和把握商品的销售动态。日常商品销售动态无疑是合理确定进货量的主要依据。具体需要观察和分析，哪些商品正处于畅销期？每天销售量可能达到多少？哪些商品销售量开始下降？下降的原因和速度如何？哪些品种下一阶段会增加销售量？增长幅度和速度又如何？根据销售动态变化，进货量应该如何调整？调整的幅度如何？

诸如此类都是花店经营者应该关注的内容。

（4）季节、节日与促销。季节变化，每年固定的节日、纪念日，地区特有的传统民俗节庆等各种活动，都会影响某些花卉品种的销售。根据过去类似活动期间商品销售的实际情况，在季节、节假日来临前，根据去年的销售记录再结合今年情况来适当增加某些品种花材、包装材料等的订货量，可以更好地适应销售需要。

当然，每年因时尚、流行的变化而影响到花艺包装和用料上的变化，也会在相当程度上对商品的销售产生影响，需要有相应的进货对策。

订货好比请客，订餐前首先要了解用餐人的口味，不但要请客人吃饱，更需要请客人吃好。花店的员工要把自己当成请客的主人，把顾客当成要请的客人来对待。

当然，花店进货要充分考虑南北方城市顾客的喜好异同，以及对颜色、品种喜好的差异。特别要注意大中小城市的区别、各个城市间花店的定位、品位的不同，订货时都应该有所取舍。具体订货时要考虑以下两个方面。

一、要弄清楚订什么

首先必须要清楚店铺卖场中最佳陈列方案有几个区，每个区要陈列哪些

品种和颜色的鲜花、花器和瓶子的系列、几个款式的花束、几个色系等。陈列区要有主销类，概念时尚类，配色装饰类等。其中的比重、大小、高低又如何分配，这些都是非常有学问、有科学依据的。

二、确定基本的订货量

解决了吃什么的问题，接下来就是吃多少的问题了，也就是如何吃饱的问题。当然最好的办法是参考去年的进货量和最后消耗量，去分析今年可能会增加消费的各种努力，来确定今年的订货量。

────── 订货小技巧 ──────

在形成较科学的订货、配送工作程序基础上，花店负责人与负责订货人员需要完成的工作主要包括三方面的内容。

（1）在每日具体销售情况的基础上，根据经验订货量略做增减，适当减少因日常销售不均匀而造成的波动。

（2）在适当的时机，根据某些商品的趋势性销售动态，调整经验订货量，适应变化的情况。

（3）应付某些季节性变化、节假日、纪念日、特别活动对部分花材需求的影响。当然，还需要考虑因天气变化影响花材价值的因素。

建议：各地气温的不同，物流时间的不同，造成鲜花保鲜时间也不同。按城市不同安排不同时间进货可错开高价位时段。

注意：

订货人员应对比自己对本店的畅销花材、颜色的预估与店内花材实际销售量的排行榜，培养自己对畅销品种的敏锐直觉。

为节省运输成本，每次进货量都应在不少于一整箱的范围内。

所订的花材应选择安全、快捷、价格合理的运输方式。

如果接到意向性的大宗业务单，应及时了解掌握近期花材的相关信息，包括价格、品种、进货周期等之后，再签订正式合同，收取定金。

—— 进货的原则 ——

一、适时

适时就是确实掌握花材时间需求，例如，是否可以满足顾客的订单需要？是否可以赶在节日前一周，或在促销活动前几天进货？进货的时候是否可以避开某些时段？

二、适量

适量就是要满足店铺中对花的需求量。进货数量既不能太多，造成花材损耗，又不能太少，造成花店对顾客缺乏足够的吸引力。

三、经济进货批量策略

花店在组织进货时，在进货次数、进货批量、进货时间与进货费用之间存在着一定的数量成本关系，需要找出最合理、费用最节约的进货批量和进货次数。

商品损耗，花店中最多的是花材的损耗，以及花盆、花瓶和包装材料的损耗。当然也不能忽视包括花产品因品质等原因送出后被顾客退换等商品的损耗。

一、内部原因造成的损耗及预防对策

（1）员工造成的损耗

加强员工的内部管理。防止员工顺手牵羊、借花献佛造成损耗。

加强员工作业管理。规范店员作业流程，减少不必要的花材损耗。部门主管应给店员明确的分工，每天开店前做好准备工作，如检查花成品定价与价格单是否相符等。

安排专人进行监督管理仓库的规范化管理工作，建立起便捷的材料入出库制度。明确收银员纪律，制定相应的奖励条例，并严格执行。

（2）花材商品变质、损坏等造成的损耗。

鲜花由于养护、包装、运输不当造成无法销售。

（3）由于陈列方法不当引起损耗

如摆放的位置不佳引起倒塌，或被过往顾客碰撞而引起损坏。因此，要科学合理地养护、保养与陈列产品。

（4）运输损耗

运输损耗是指在运输过程中操作不当造成的损耗，因此在装车配送过程中必须认真仔细地做好检查与防范工作。

二、外部原因造成的损耗及预防对策

（1）供应商行为不当造成的损耗

鲜花进货品质不好、不新鲜，鲜花在机场时间过久，使鲜花因温度、水分而影响质量，造成损耗。

（2）顾客的不当行为或偷窃造成的损耗。

顾客随身夹带商品，顾客不合理的退货，顾客在购物过程中将商品的损耗。

鲜花品质的重要性

鲜花的品质是鲜花贸易的生命线，只有让消费者有满意的养花体验，才会进行重复消费。如果消费者不能完成从偶然消费到重复消费的转变，鲜花的贸易也会越来越艰难。如果鲜花的品质不够好，瓶插期不够长，收到礼品鲜花的人会由刚开始收到鲜花的喜悦而转向对鲜花产品的不满，使得鲜花消费不能持续下去。

德国在2005年曾做过消费者调查，对于消费者来说，鲜花产品的重要性依次是鲜度、质量、颜色、价格，由此可以看出在成熟的鲜花消费市场中鲜度和质量是排在第一位的，我们要不断地加强对品质和鲜度的提升，才能让消费者越来越满意。

在英国超市，于1990年推出瓶插期保证体系，到2000年超市的鲜花销售快速增长。瓶插期保证体系是保证消费者买到的花最低瓶插期为7天，根据品种的不同，配送消费者相应的保鲜剂在养护中使用。

鲜花保鲜剂的全球市场情况

成立于1929年的荷兰可利鲜公司是鲜花保鲜剂的全球领导者，其总部位于荷兰，在英国、德国、法国、瑞典、日本、美国等发达鲜花消费国家及哥伦比亚和肯尼亚等鲜花种植国家都设有分公司，所以对世界的鲜花发展及保鲜剂使用情况有一定的发言权。随着市场越来越成熟，伴随着家庭用花的发展，让消费者有良好的养花体验变成了重中之重，也是这样的市场机会给了可利鲜鲜花保鲜剂发明人最好的发展时机。保鲜产品从种植户、花店及消费者都有自己专门使用的产品。在荷兰的拍卖市场，不经过采后保鲜处理的鲜花是不允许上市交易的。花店在鲜花的销售过程中也要配送给消费者鲜花保鲜小包。伴随超市的瓶插期保证体系，保鲜剂在鲜花销售体系成熟的发达国家非常普。值得一提的是，国外的网络鲜花配送是以品质取胜，都会提供相应的瓶插期保证，配送保鲜剂。

在中国，可利鲜也已有了多年的发展、推广。保鲜剂在高端花店的使用已比较普及，但在中低端花店、市场店、网络店还有待提高。鲜花从业者开始重视保鲜处理也是行业发展的机会。

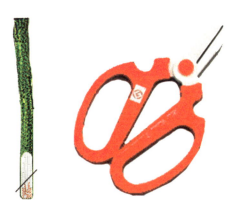

—— 鲜花保鲜技术 ——

一、鲜花采后的四个主要问题

（1）水平衡的问题：要保证导管的通透性，导管不能阻塞，保持环境、花桶的卫生，防止细菌滋生是非常重要的。

（2）荷尔蒙的问题：如百合黄叶、康乃馨收苞、飞燕草掉瓣等都是荷尔蒙造成的。

（3）营养的问题：玫瑰的开放，花的颜色、花型，花的香味及瓶插期的时间等都和营养有关。

（4）烂花苞灰霉病的问题：

应采购没有灰霉和抗病性能比较强的玫瑰，运输过程中保持花苞、花枝干燥，没有水气。运输到花店以后，立即将纸壳外包装取下，使通风良好。仔细检查花头是否有灰霉点，如有，及时取出，以防传染。花头不要喷水，这是灰霉发病的一大原因，放在通风良好的位置。如果需要存储一段时间，注意温度要低，湿度在80%以下，通风良好。尽量不要买存货；保证新鲜度。也可使用可利鲜保鲜剂提高花的抗病性，延长花期，降低灰霉病的发生。

二、鲜花进店后养护

（1）选择品质好的鲜花是根本。

（2）去除底部叶片，以不浸在保鲜液或水里为标准。

（3）剪根2~5cm，把根部的污染部分全部剪掉，这部分往往阻碍吸水，以出现新的吸水面为标准；注意要使用锋利的剪刀。

（4）根要洗干净，放在可利鲜专业2号或3号配制的保鲜液中。

可利鲜专业2号和3号的区别：可利鲜专业2号含少量养分可供3朵鲜花使用3天；可利鲜专业2号含养分量较多，超过3天的养护应使用可利鲜专业3号。可利鲜专业2号是水剂装，配比浓度是每升水5毫升；可利鲜专业3号是粉剂装，配比浓度为每升水10克。

（5）如果不使用保鲜液，需要每天换水。

（6）使用保鲜液一周换一到两次水就可以，花期可以延长一倍，花开得更鲜更美。

（7）养水高度。如使用保鲜液，玫瑰10~20cm；康乃馨5cm左右；非洲菊5~10cm；百合10~15cm；绣球20cm左右。

（8）使用干净的花桶，定期消毒，不要使用锌制或铁制的花桶；剪刀和操作台要定期消毒。

（9）使用的剪刀要锋利，不要伤到花茎阻碍吸水。

（10）鲜花的陈列温度尽量保持在20℃左右。

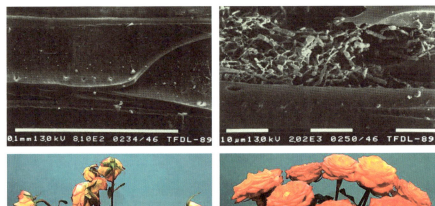

使用保鲜剂的对比效果

三、品种特点及注意事项

玫瑰：

（1）玫瑰对细菌非常敏感，保持一个清洁的环境非常重要；尽量购买经过预处理的品种，这样导管的通透性才有一定的保障，花桶在每次换保鲜液的时候一定要用消毒液洗干净，用一般的清洁剂，只能洗净赃物，起不到消毒的作用，要使用含氯的消毒液洗桶。

（2）第二个要解决的问题是养分给予的问题，在可利鲜的保鲜液中都有适量的提供。

（3）使用可利鲜专业2号或3号保鲜液。

（4）玫瑰进店后应第一时间将外面的纸板去掉，检查灰霉病情况，取出个别感染的花朵，注意通风，网套到使用前取下。

玫瑰戴网套是斗南花市保留下来的习惯，缺点：不宜判断花苞的质量；大部分网套花已过度开放，花卉迅速开放，迅速凋谢；优点：花苞更大些；建议花店购买不戴网套的花，提高鲜花品质。

康乃馨：

（1）典型的乙烯类敏感品种，不经过乙烯阻断处理，花会在7～10天的时候突然萎蔫。应在种植户和发货商处做抑制乙烯处理，使用可利鲜AVB。

（2）康乃馨在花店更重要的问题就是臭根，使用可利鲜专业3号可以很好地解决这个问题，花的开放度更好。

百合：

主要问题是烂根、臭水、叶黄和小花苞不开，这些问题的解决方法主要是使用可利鲜的百合伴侣养百合，百合伴侣10克装小袋配1升水。

非洲菊：

主要是落瓣和臭根的问题。这是由于非洲菊根部红色的部分已经木质化，花店怕烂根所以不敢剪掉，造成吸水不足，花瓣下垂。正确的操作方法是将红根部分剪掉，使用可利鲜专业3号养护。

四、成品花的保鲜

（1）国内的花束一般以根部包水为主，不做保鲜处理比较容易发臭和发烂，应该使用可利鲜专业3号，对花束进行保养。

（2）经过保鲜保养的花束，消费者将花束买回后，如不打开花束，原状摆放，只需在第2天或第3天添加相应的可利鲜保鲜水即可（可利鲜清凉小袋，5克装，配制500毫升水，可用矿泉水瓶量）。

五、鲜花的家庭保鲜

（1）购买品质好的鲜花。

（2）去除底部的叶片，叶片不浸入水中，保留花刺。

（3）剪根2～5cm。

（4）使用干净的花瓶，不要使用金属花瓶。

（5）使用可利鲜保鲜剂，按要求浓度配比。

（6）不用剪根、换水，及时添加保鲜水。

（7）不要阳光直射或通风过强，及时去除萎蔫花朵。

（8）精品花束可直接向花根部添加可利鲜保鲜水。

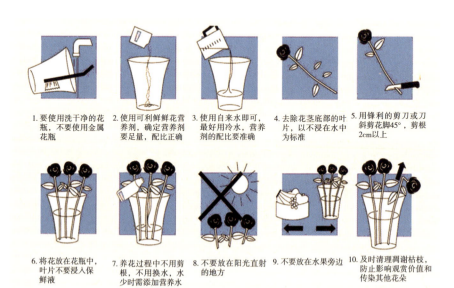

1.要使用洗干净的花瓶，不要使用金属花瓶

2.使用可利鲜鲜花营养剂，确定营养剂要足量，配比正确

3.使用自来水即可，最好用冷水，营养剂的配比要准确

4.去除花茎底部的叶片，以不浸在水中为标准

5.用锋利的剪刀或刀斜剪花脚45°，剪根2cm以上

6.将花放在花瓶中，叶片不要浸入保鲜液

7.养花过程中不用剪根，不用换水，水少时需添加营养水

8.不要放在阳光直射的地方

9.不要放在水果旁边

10.及时清理凋谢枯枝，防止影响观赏价值和传染其他花朵

家庭保鲜操作方法

节日存储

鲜花市场的销售规律使鲜花在节日时的需求量猛增，节前的鲜花养护更需注意。

（1）购买质量新鲜的鲜花，节前特别是情人节，市场上会出现大量的存储花，进货时要提高警惕，一般花价越高，存货越少；花价越低，存货越多。

（2）存储温度根据存储的时间2～10℃，湿度50%～60%。

（3）建议最佳的存储时间：玫瑰一周左右；康乃馨2～3周。

（4）根据存储时间、温度、品种选择干储或带水存储。

（5）玫瑰要去除外层瓦楞纸，保证通风，防止灰霉病。

（6）节日前2～3天做好成品花束，用可利鲜保养，以缓解当天的压力。

（7）不建议过长时间的存储，影响鲜花质量。（提醒：存货有风险，商家应谨慎。）

花束保鲜建议：

花根包水请使用可利鲜专业3号或小袋装，花开鲜艳长久水不臭。

送客人袋装可利鲜在后期使用。

插花保鲜建议：

花泥请使用可利鲜专业3号浸泡，花开鲜艳长久水不臭。

送客人袋装可利鲜在后期使用。

良友花记品牌管理有限公司专业工具：

工作衣、围裙、工具包、花剪、花刀、打刺钳、胶枪、鲜花桶、尖嘴钳、斜口钳、锯子及插花盆。

小红剪

尖嘴钳

斜口钳

打刺钳

工具收纳包

花艺锯

坂源剪

花刀

爱丽丝剪

花店

销售
计划

为实现花店的销售业绩，必须想方设法吸引顾客上门购买。制订销售计划绝不是简单的数量分解和工作分配，而是体现团队发展，增强团队凝聚力，激发团队工作热情的一个过程。也是店长管理员工，训练员工，从而不断提升队伍整体素质的重要措施。

制订销售计划的五大原则
FLOWER SHOP

（1）具体性。如店长在设定员工销售目标时，如果只写这个月要完成10万元的营业额，这样光有一个目标是远远不够的。而是需要具体到每个营业员的销售目标是多少？要向多少个顾客销售多大的营业额才能完成？

（2）可衡量性。没有明确衡量标准的目标是没有多大实际意义的。另外，制定的目标必须是通过努力才有可能实现的，即所谓"跳起来摘桃子"。

（3）可实现性。在设定销售目标前，必须客观地对自己的店铺现状、店员水平及其他客观因素进行衡量。

（4）现实性。要在设定目标时对现实情况做好仔细分析，并将那些急需改进的、有可能直接影响销售成效的因素首先设立成目标。

（5）限时性。设立目标时必须同时限定目标实现的时间，不然会成为目标不了了之的主要原因。

销售计划中必须包括整个详尽的商品销售量及销售金额才算完整。因此，切实实现经营目标是店长的首要任务。

销售计划内容
*
FLOWER SHOP

商品计划：销售什么商品？以哪些商品为主？主力商品是什么？促销商品是哪些？

成本计划：用多少钱？促销费用是多少？

人员计划：谁来销售？个人目标是多少？每天必须完成多少？

销售总额计划：每个班组的销售目标是多少？

促销计划：如何销售？

广告宣传等促销计划的着眼点、海报宣传、报刊、广告、宣传单、网站、微信、宣传礼品等投放量。

与销售人员相关的业绩奖赏。

扩大销售
的途径
*
FLOWER SHOP

店铺的位置是固定不变的，只能等顾客上门，那是不是只能守株待兔呢？

据调查，70%的顾客的购物决策都是在进店铺后做出的。也就是说，能否在顾客到店铺购物期间激发起顾客的购物欲望，在相当大的程度上制约着店铺的商品销售。

按照销售规律，销售额的变化取决于三个因素：销售额=顾客人数×每个顾客购买量×商品单价。因此要增加销售额可以通过以下途径达成。

一、改善销售和服务水平

店员优质的销售服务是吸引顾客的最基本要求。因此，针对店员的销售服务技术进行培训和指导，是吸引顾客进店、增加顾客忠诚度的最基本方法。

二、派发广告宣传单、编发微信

在店铺附近的居民区、单位写字楼等派发宣传单，加微信朋友圈，是吸引顾客来店的最直接的、成本较低的营销方式。

三、保持齐全的品种，产品性价比高、信誉好

当顾客进店后，有充足、完美、新鲜的商品，有能激发顾客购买欲望的商品，制作设计时尚，价格合理，那么顾客下次肯定还会再次光临。

四、良好的购物环境

让进店顾客将购物的过程当成是一种享受，并口口相传，吸引更多顾客。

顾客

开发
管理

顾客的价值，不在于他一次性消费多少金额，而是他持续消费能带来的总额，包括他自己以及他对亲朋好友的影响。这样累积起来，数目是相当惊人的。因此，店铺在经营过程中，除了想方设法地满足顾客的需求，维护顾客的忠诚度外，还需要重视新客源的开发和管理。

（1）树立真正以顾客为中心的经营理念。

店铺应以服务于顾客的真正需求为宗旨，让全体员工都认识到顾客是店铺的利润之源，是店铺生存发展的"衣食父母"，因而也是每个员工工作的最终目标。

需要牢记的经营法则有两条。

法则一：顾客永远是正确的。

法则二：如果顾客错了，请参照法则一。

（2）尽可能提供完美、新鲜的零缺陷产品。

留住老顾客的关键是把顾客为中心的理念转化为实际行动，每个员工都要清楚地认识到：顾客购买商品和服务的真正需求是希望由此得到舒适和愉悦的享受。若产品质量或服务存在着令人不快的缺陷及问题，顾客就会断绝与店铺已有的联系，转而投向其他的花店。

—— **制定公平合理的价格策略** ——

店铺的利益是建立在顾客的利益之上的，应对忠诚的顾客实行优惠，特别是用价格和服务双重杠杆这一有效手段来予以回报。

店铺的顾客可以分成两大类：一类是个人和家庭客户（消费品客户）；另一类是商业客户（团队、单位大客户）。根据80％的销售额来自20％优质客户的法则，店铺要确定这一优质客户在哪里，并且千方百计留住他们。

大客户开发

找到大客户，确定他们是谁，他们在想什么，就能有效开展销售活动。

（1）确定对象。针对商圈内20人以上公司、企事业单位、机关，通过电话号码簿式实地调查等形式搜集他们的资料，包括确切名称、电话、地址、大约消费人数等。

（2）具体执行。以电话事先预约，专人带上名片、宣传册上门洽谈，说明公司/花店价格方案，服务优势等，加深彼此印象，拜访完毕应填写访谈表。

大客户维护管理

大客户是店铺的"看家客户"，是店铺的主要服务对象。因此，大客户关系维护和管理是店长的主要工作。

店长是代表花店的最高责任者，对大客户关系的维护管理责任重大，要亲自掌管大客户档案的搜集、整理和报告。在每个新销售季节和新品到来前对大客户进行电话回访，并做好电话访问记录。大客户购买一周后，由店长寄送感谢卡，每个月固定上门拜访大客户一次。亲自处理好每一件大客户的订单和投诉。

数据库的主要内容

新老顾客的一般信息：如姓名、性别、地址、电话、微信等。

交易信息：如订单、咨询、投诉等。

产品信息：如顾客购买产品的类型、购买习惯、购买频率和购买数量等。

顾客对促销信息的接受和反应情况等。

可以通过以下几种方式获得顾客资料。

（1）凡在店内购物的超过×次/×元以上的，由营业员请其填写顾客资料卡片。

（2）搜集与公司无竞争的各行业前100名大企业资料，列入潜在顾客群。

（3）抽选该代表店的10名基本顾客，邀请其加入商圈顾问团成员。

（4）运用积分券，请平时长期来店的基本顾客填写顾客资料卡片。

（5）新填写的顾客资料卡，由专人统一记录保管。

如何与顾客建立亲密关系
FLOWER SHOP

记住对方的面孔。多说一句："今天您真漂亮。""您和孩子一起来的?好可爱!"

要记住名字,再来时能叫出会员名字。如果忘了,可通过询问卡号,来查找确认姓名后再进行接待。

建立名册。将名册按消费水平、家庭住址、兴趣爱好等进行分类管理。

把自己的名字告诉对方,并告以"请随时来找我"。

—— 沟通的三个要点 ——

(1)探询,即询问顾客。探询主要有两种形式:开放式和封闭式。开放式的问题通常用于从顾客那里获得更多的信息。而封闭式的问题通常用来澄清顾客的疑问。

提出问题以辨明顾客所需。例如："您希望我能帮助您做什么呢？""您买花是想用于什么？"或"买花想送给什么人？原因、目的是什么？我能帮您设计一下吗？"之类，以委婉的方法表达。

确定理解了顾客的意思，在与顾客交谈时，可以不时地用自己的语言把顾客的需求表达出来。也可以复述顾客的原话，用以向顾客暗示自己理解了他（她）的意思。

（2）反应，积极倾听并做出反应。对顾客的顾虑和所关心的事情表示理解。最重要的是要抓住顾客的真实想法，而非顾客的表面意思。不一定要完全赞同顾客说话的内容，但必须对顾客的观点表示足够的尊重。

配合身体语言来积极聆听。例如："我明白……""是的，……""哦，……"等等。

对顾客所关心之事表示重视，聆听顾客说话时带着非常重视的态度去听。例如："您说得很好，我知道……""我明白这对您来说非常重要……"。

（3）告知。让顾客明白你非常清楚他的需求。另外，也可以检验你自己是否准确理解了顾客的需求。

销售服务沟
通的五大秘诀
FLOWER SHOP

一、认真听取顾客对商品的意见

听取顾客意见时，一定要让顾客把话说完，不要打断他的话，要带着浓厚的兴趣去听。

二、在回答顾客问题之前有短暂的停顿

在顾客说完之后，销售服务人员不要马上作答。可以适当地放松一下，显示你在认真思考顾客的问题，或者说没有被顾客提出的问题难住。

短暂的停顿可以给你一个机会，考虑怎样以更适当的方式来回答顾客。

即使顾客问的是很一般的问题，你能够顺口答出来，也不要太匆忙。

三、理解顾客的心情

理解顾客的心情，明白他们的观点。但是，这并不意味着完全赞同他们的观点，而只是了解他们考虑问题的方式和对商品的看法。

在这样的情境下，销售人员可以这么说："我明白您的意思了""很多人都是这么看的""我明白您的具体要求"。态度要认真诚恳，不能有任何轻视顾客的言语、动作或表情出现。

四、复述顾客提出的问题有三个好处

让顾客明白您已经了解了他的意思。

给自己留一点时间思考，如何更好地回答顾客的问题。

把顾客表示异议的陈述句变成疑问句。

五、回答顾客提出的问题

对顾客提出的问题，应全面、清楚地回答。

在回答时要抓住重点，以解答顾客的疑问为主。

回答完顾客的问题之后，销售人员应继续进行商品介绍。

建议：花店员工需要清楚地知道：不管是购买花束、插花、还是植物，都要告知顾客养护常识。告之拿在手上、放在车里以及在路上需要注意的事项。特别是不要让花盆或花束的水流出来，不要碰撞、挤断、翻倒等。要有必要的保护措施，让好心情与花朵一起慢慢开放。

关于情人节
FLOWER SHOP

最热衷的/最热衷于情人节的，一是热恋中的，二是偷情中的

最郁闷的/对情人节备感郁闷的，是在暗恋中煎熬的和形单影只的

最有机会的/情人节更是一个表白爱情的机会，有多少恋情在这一天水落石出

最苦恼的/最苦恼的是那些脚踩了好几只船的，这一天可如何安排

2月14日的爱情是被夸张了的。情人节的风靡，说明爱情可能就需要被这样夸张和强调，应该有这样一个时刻，我们是为爱情而存在的——

如果爱情是游戏，就投入地玩；

如果爱情是宗教，就要虔诚；

如果爱情是冒险，就勇敢；

如果爱情是日常的生活，就要有耐心；如果爱情是明天，就拿青春赌明天！

爱情是上帝送给苦役人生的礼物，所以好好享用吧！希望你的每一天都是情人节。

——摘自2004《流行经典》

关于婚姻

✳

FLOWER SHOP

有人说："婚姻是一栋由情、钱、性三元素组成的三角形的大厦。哪条边最长，便称其为婚姻的底座。哪条边最短，婚姻的大厦便会向其倾压过来。此时，唯有赶快拓展这条边的长度。不然的话，婚姻大厦便会在这条边上倒塌"。

其实也可以说，婚姻是一种投资，是一种眼光。是发展开拓过程中俩人同步提高的文化品位、知识等系列的协调。

——摘自2005年《流行经典》

关于蓝色玫瑰

FLOWER SHOP

蓝玫瑰是园艺学领域的"圣杯"，而且不久后有可能成为节日中最完善、高档的礼物。令人高兴的是，科学家已经找到了培育蓝玫瑰的方法。在此之前，市场上也有"蓝玫瑰"，但它们都不是天然生长的。

蓝玫瑰培育方法的发现非常偶然。美国田纳西州纳什维尔市范德比尔特大学的两位生物化学家在医学实验室对治疗癌症和早老性痴呆症的药物进行研究时，偶尔发现了培育蓝玫瑰的方法。

彼得·古恩格里克博士和伊丽莎白·吉拉姆博士当时正试图找到人类肝脏如何破坏药物的作用时，偶然发现了具有惊人作用的肝酶。在将肝酶转化为细菌时，这种细菌变成了蓝色。多少年来世界上有许多人对培育各种颜色的花（尤其是蓝玫瑰）一直非常感兴趣。吉拉姆博士认为我们可以利用这一发现，把基因运用到植物栽培领域，培育出蓝玫瑰。

多年来，玫瑰种植者和培育都是一直在对嫁接和杂交进行实验，希望培育出蓝玫瑰，但结果都没有获得成功。古恩格里克和吉拉姆博士已经对蓝玫瑰的培育工艺申请了专利。

——摘自2005年《流行经典》

关于幸福

FLOWER SHOP

幸福是什么?

幸福是一种理由,幸福是一种承诺。

幸福又是玫瑰身上的刺,最深的痛换来最美的爱。

幸福是有间大房子,幸福又是房内有张温暖的床。

幸福就是把你的衣服和我的衣服放在一起洗。

幸福是结婚十年,有健康的身体,更多的激情。

幸福是晚上她说:"睡觉了"!早上儿子大叫"起床,起床了"。

幸福是每天都有鲜花,同时你又有心情去欣赏她。

——幸福就是重复——

——摘自2005年《流行经典》

关于品牌

FLOWER SHOP

从事品牌经营，绝不是高价格，而是对自我、对审美提出的更高的要求。品位不再是纯个人的问题，而是需要他人和时间来考验的。但是入这一行的前提绝对是对美、对时尚自觉的捕捉能力和悟性！

认真投入任何和"美丽"相关的行业，工作会永远占据生活中最大部分时间，而它的背后，也有最平凡的辛酸与挫折。

归根结底，要开创一个品牌，做成完美的行业，你的生活必须充满阳光般的温馨。让自己先成为一个完美主义者——Take me to Leave。

——摘自2005年《流行经典》

关于经典

FLOWER SHOP

经典由无数受制于特定时空的元素构成。你可以复制其中的某些，但不可能复制整体。如果你是个不错的工匠，你可以用一样的材质按一样的比例把维纳斯或者掷铁饼者仿得很像——

花艺设计者应能Make pictures（产生画面），绘制效果图。顾客喜欢什么风格，什么色调，办公室或家宅是什么风格的建筑和装修，摆放位置采光如何，家具怎样，与主人来往的主要客人都是什么样的人等，诸多因素被充分考虑周全后提出的建议，自然会被接受，顾客才会信任你。保持艺术个性，有不同的形式风格。不拘泥于一种模式，使设计有所突破，成为经典。

经典更是我们用爱的甘露，滋润着生命的每一次感动。

——摘自2005年《流行经典》

　　每个人都在设计自己的曲线。而花店员工的个人曲线要和花店（公司）的曲线相结合，每位员工要清楚自己在店里所起的作用，要清楚不是要你做什么，而是你能做什么。花店要给予他们发挥潜能的自由度。这样才会让每个人贡献更多，花店和个人的发展才会更快。

　　在招聘员工时，就要看他是否对自己的工作有激情。同时，我们也要在其工作价值方面让他感受到有所回报。

　　企业（花店）对于员工的责任是提供发展机会和改善生活，员工对于企业的责任是发挥自己的才能，尽力为企业创造效益和降低成本。员工与员工之间责任的体现是把困难留给自己，把方便让给别人，共同创造一个高效、融洽的工作环境。

　　如果你真的爱那个人，就用行动让她跟你一起幸福。人生不能够等待，更不能等你爱的人幸福之后，你才找寻自己的幸福。

　　生命中有太多的来不及。所以，不能够让你等到我幸福了之后，你才幸福。我要带着你去寻找属于我们的幸福！

　　真爱，就是一起去寻找共同的幸福。

——摘自2005年《流行经典》

关于游学
FLOWER SHOP

——在春、夏走过花的季节

每年三四月，六七月，我就像一位农民怀着庄稼收获后的喜悦，出游各地，享受世界各地的阳光，感受不同的风情与浪漫。

游学并没有给我实在的收获，比如，没有文凭。但是，我又学到很多东西，不同的生活态度、更开明的思维———，或许这些东西在以后会开花结果。但是现在，我得到的只是一段平静的生活，和记忆里美好的颜色。

当"游学"生活如此平静地开始时，我才发现，曾经认为遥不可及的梦想，其实踮起脚尖就可以够到。

生活就是简单的重复，这就是幸福。我相信，幸福的人才会创造出更美好的生活。

——摘自2005年《流行经典》

关于我们，
花艺师
*
FLOWER SHOP

中国有太多的花店，很遗憾的一点是中国花店（花艺）没有形成年轻设计师的群体。意识风格陈旧而形式化。同时缺少对花艺（花店）营销充满想象力的人群。一大批人只能上不着天下不着地地折腾，牺牲时间，失去自我地去做和现代花艺、经营风格风马牛不相及的事情。

花艺师应以被顾客群认可，才是社会认可，就是体现价值。

花艺师的风格和个性应是围绕于顾客的审美需求，并尊重视觉要求，不太过于反映作品本身，必须满足现场整体的协调。

花艺师更多的是需要理解美学，学会思考——

——摘自2005年《流行经典》

永远的玫瑰，
永远的爱
* FLOWER SHOP

20岁，收到第一束玫瑰花，他说："我爱你"。

她脸"腾"地红了，用手捂住脸，轻声骂了句："你真坏"。便飞也似的逃离了。

25岁，收到一束玫瑰花，他说："我爱你"。

她娇羞地埋进他怀里，捏紧拳头轻捶他的胸膛说："你真好"。这一年他俩结婚了。

30岁，收到一束玫瑰花，他说："我爱你"。

她笑嘻嘻地说："要落实在行动上，得帮我照顾孩子"。

40岁，收到一束玫瑰花，他说："我爱你"。

她怪怪的看着他："快坦白，跟哪个女人出现问题了？"

50岁，收到一束玫瑰花，他说："我爱你"。

她轻轻哼起25年前新婚之夜特地为他而唱的《花好月圆》。

70岁，收到一束玫瑰花，他说："我爱你"。

她深情地看着他，笑容溢满了脸上的沟壑。他俩裸露青筋的手，始终牵在一起不分开。

——摘自2005年《流行经典》

结婚周年纪念
FLOWER SHOP

结婚一周年	纸婚	PAPER WEDDING
结婚二周年	棉布婚	CALICO WEDDING /COTTON WEDDING
结婚三周年	羊皮婚	MUSLIN WEDDING
结婚四周年	丝婚	SILK WEDDING
结婚五周年	木婚	WOOD WEDDING
结婚六周年	铁婚	IRON WEDDING
结婚七周年	铜婚/毛婚	COPPER WEDDING/WOOLEN WEDDING
结婚八周年	电婚	ELECTRIC APPLIANCE WEDDING
结婚九周年	陶器婚	POTTERY WEDDING
结婚十周年	锡婚	TIN WEDDING
结婚十一周年	钢婚	STEEL WEDDING
结婚十二周年	麻婚	LINEN WEDDING
结婚十三周年	花边婚	LACE WEDDING
结婚十四周年	象牙婚	IVORY WEDDING
结婚十五周年	水晶婚	CRYSTAL WEDDING
结婚二十周年	磁婚	CHINA WEDDING
结婚二十五周年	银婚	SILVER WEDDING
结婚三十周年	珍珠婚	PEARL WEDDING
结婚三十五周年	珊瑚婚/碧玉婚	CORAL WEDDING/JADE WEDDING
结婚四十周年	红宝石婚	RUBY WEDDING
结婚四十五周年	蓝宝石婚	SAPPHIRE WEDDING
结婚五十周年	金婚	GOLDEN WEDDING
结婚五十五周年	翠玉婚	EMERALD WEDDING
结婚六十周年	钻石婚	DIAMOND WEDDING JUBILEE

——摘自2005年《流行经典》

我的
关于
短文

后记：开一家美丽的花店

花店就像凡尘里的神圣殿堂，大自然的美丽，人与人之间的情爱由此传递散布。

从1994年开始和浙江教育出版社合作出版《实用插花》后，我们开始开设花艺学习课程。1999年后，我们陆续推出《美丽的花店》《花季》《流行经典》1～6册、《花车》等十余本花店专业书。良友花艺培训开始正规化，长年开设花店花艺课程。

在花店经营中我们发现经营、管理与团队的合作这类的学习课程是花店经营迫切需要的。从2014年5月开始，我们思考新的教学课程，成立了花店商学院，增添了商务管理课程。从店长培训到前台销售，再到花艺师培训、团队组建。从语言到生活美学的课程是我们未来需要开设的课程。

现在，良友花店商学院位于浙江大学玉泉校区西门。比邻杭州植物园、青芝坞慢生活街区，后靠老和山。

每天早上，我们可以走在环境优美的浙大校区，在大草坪看到毛主席对我们招手，在这里人文底蕴深厚，艺术气息浓厚。走过西门，山边的小路可以延伸到老和山，上课之余我们可以去爬山，采摘自然的枝叶，置身大自然，感受自然给予的灵感。教室的南边是一排排的茶叶树，随山径一路延伸到植物园的大树下。坐在教室外的阳台上，可以呼吸最清新的气息。在这里，让你看到比现实更远的东西。

我想理想中的生活应是这样的，世间万物，花是花，草是草，拥有自己的梦想，拥有对美的追求，去实现自己的梦想。没有谁的人生是完美的，但追求完美的姿态却可以变成美。因为我们相信，如果我们每个人都去追求一种有美感的人生，而不是世俗的所谓成功和幸福，那么，每一个人都可能是艺术家，你的作品就是你的生命状态。

在良友花店商学院，我们追求生活的美好，和喜欢的一切在一起。在这里，我们把时间浪费在美好的事情上。

祝生活像花儿一样。

——沈国强

沈国强专访

沈国强

花径（中国）文化创意发展有限公司
暨　良友·花店商学院
1988年创办杭州第一家花店
1965年2月20日出生于杭州
B型血双鱼座

　　人们对艺术家的惯常定义是怎样的？随意？不羁？偏执？追求自然和自由？做事不按常理？还留一头长发？这些非线性条件沈国强似乎都符合。作为杭州当年开出的第一家花店——良友花店的创始人，沈国强打理花店和对待生活的方式如出一辙，他很少用逻辑解释或分析问题，他只是服从于感官的冲动，服从于直觉的流动，这大概就是像艺术家一样思考的类型。

——— 苦与美对立 ———

　　沈国强最近刚刚剪去了一头留了十年之久的长发，走起了潮酷大叔路线。他偏爱收紧身材的衣服，他对自己没有一丝赘肉的身体甚为骄傲，他看上去真的不像有50岁那么老。他每天花一个小时以上的时间运动，他最欣赏的男性品质其实就是他自己那样：自我、自律、承担责任，并有一双发现美的眼睛。

　　沈国强对花店的回忆是散乱的，更多夹杂着个人情感，他在讲到一些令他感动的细节时多次双眼红润，这是一个内心极其柔软的男人。1988年从他开出一家四五平方米的小花店开始，他就希望不仅仅卖花给人们，而是想

要引领一种新生活，从接纳鲜花开始，注重人之为人的美学细节，提升生活当中那些精神性的享受，呼唤情感的回归。他对自己的定位就是一名艺术家，不拘泥于花艺或绘画，他在践行一种生活艺术。他对鲜花代表的美与生命充满激情，但对如何把花店生意做大做强并不热衷。他说赚钱不是第一位的，重要的是教给人们用不多的钱或不用钱也能获得美的享受。

"现在的人们好像特别注重吃和穿，哪家新餐厅开了，大家蜂拥而至；LV推出了一款新包，最好马上买来。很少有人愿意去做一些纯粹精神享受的事情，比如去海边玩个运动、做个形体的晒黑，去锻炼身体展示自己健康的体形，创作一幅绘画作品，或是给家里做一个全新的布置，等等。在我看来，吃穿真是最低级的享受。"他直言"中国人生活得很苦"。前两年，良友花店进驻高端超市，沈国强发现，很多有钱人都去那些超市买进口货，他们买下昂贵的进口水果、零食、烟酒，眼睛都不眨一下，"但是一盆二三十元的小盆栽、一束百来元的鲜花会令那些人直呼'这么贵'，中国人真是苦惯了，不知道什么是美，什么才是精神的享受。"他对美的理念让我想起蒋勋在《美，看不见的竞争力》里这样定义美："美是一种感觉，不一定要有钱才买得到。农夫眼中的良田美景、渔民在渔港看到的

夕阳，或是风吹拂过溪水的水声，都可以带来心灵的报偿。正如康德说的'美是一种无目的的快乐'。"

在沈国强眼里，美不仅与苦对立，还与贪食、欲望、懒惰等罪恶对立。他陪家人去餐厅吃饭，每次点的菜都是最少的那一桌，刚刚吃够，"那里是很便宜啊，但干嘛点那么多吃那么多呢？我只吃身体所需要的，对身体有好处的食物。"他认为现在人们吃得太多了，要做减法，穿也要做减法，然后给精神和灵魂多做加法。他对罗丹的身体论赞赏有加："理想的人物不是善于思索的头脑或者感觉敏锐的心灵，而是血统好、发育好、比例匀称、身手矫健、擅长各种运动的裸体。"他把自身的形体视作环境的一部分，"既然我们这么崇尚美的事物，一盆插花是一个景观，让人赏心悦目；一个人，出现在空间当中，当然也是一道风景，所以美首先是关于自身的，其次才是创造环境。"这真是我听过的对美最本质的追求，如果你连自己的形象都无法控制，又如何掌控美呢？

沈国强是有名的运动狂人，"运动是我生活的一部分，对我来说，今天有没有健康的生活，有没有规律的生活，是非常重要的。"他几乎从事一切运动，从游泳开始，跳绳、跑步、网球、篮球、足球、自行车、划船、登

山、毅行，家里一个车库里全是他和儿子的运动玩具。他总是抓紧有空的时间运动，"我是碎片式的，我随时会跳绳，如果只有15分钟，我会去投篮；如果有30分钟以上，我就去跑步。"即使在家看电视，沈国强也不停歇，他会打开瑜伽垫做一些垫上运动，他太太张琪说"我们家两个男人停不下来的，随时都在做动作"。在沈国强的影响下，儿子继承了他的优良基因，"我们在学习上不给他施加压力，让他自己管理自己，他在运动方面的能力让我颇为欣慰，我觉得他以后应该会活得比较精彩无所畏惧，这是从他身上反馈给我的人生成绩单。"

—— 让花艺回归 ——

从1988～2015年，良友花店进入了第三个十年。前十年，良友稳居老大地位，1995年良友花店出版了《实用插花》，接下来出版了一系列关于花艺的刊物，在全国花店业引领商业潮流；第二个十年，良友经历了网上花店、连锁加盟、门店扩张的高速发展期，年销售额冲到千万元量级；2008年开始，良友花店进入第三个十年。在之前一系列被商业潮流裹挟、冲击、试错的"发展"之后，沈国强清醒地收住了自己：良友想要成为怎样的良友？

他和太太达成了一致：让我们一辈子就做好一件事情吧。

被收口的良友再度出发，退出酒店、开业、庆典等纯商业用花，主打高端零售市场，"那些要靠拉关系走后门给回扣的生意，我们的确不擅长，利润又被压得很低，同业恶性竞争，特别不美，能回避的我们就回避了。"良友花店今年刚刚更新了品牌logo，在视觉化处理的"良友"字样下面加缀了Since 1988，这是良友想要强调作为一家老牌花店的骄傲，"但第二波花

店业的竞争，更加注重个性化的设计，可能刚刚开始。"可贵的是，沈国强对这一行依然保有纯真理想，"与花打交道从中可以悟到很多东西，请问你学会欣赏一朵小花了吗？"。

　　良友花店在花艺培训方面多年积累的技艺，也在2014年迎来了梦想开花，沈国强在浙江大学玉泉校区觅得一处很好的教学场地，清幽静谧，"之前我一直在找合适的地方，学校正是我梦寐以求的，为此我等待了三年。"他的灵感喷薄而出，为花艺培训做出了全新的定义——良友花店商学院，"我们不仅仅培训插花技术，传授如何开一家花店的技巧，还要开设一系列同美有关的课程。"这个美学课堂经过半年多的酝酿，在今年开春以来获得热烈反响，针对专业人士的培训课程和面向人们生活的美学课堂同时展开，这让沈国强更加坚定了自己的理念：艺术（生活艺术）是一种治疗工具，能够帮助我们过上更加美满的生活。他说花会激发人们对美的需求，美的需求包括形体、精神、情感，只有这些方面都美了，人生的体验才充沛和圆满，"美就像是一种信仰，而我用布道的心情传播对美的感动。"2015年沈国强的计划是找到另个理想的场地，打造一家集他的美学思想之大成的咖啡馆，"我的咖啡馆必须是很有特点的，除了卖咖啡，整个空间要有大自然的进入，绿植、鲜花，用花艺完成空间设计；除了满

足视觉、嗅觉和味觉的需求，还要有精神享受，我自己画了很多油画，我会为客人寻找适合他们家的美学风格，你的家是怎样一个味道，你个人是何种品位，你的家应该如何装饰。我们可以从一张台布开始，把原本平庸乏味的餐盘全部换掉，在节假日布置餐台，包括器皿、花瓶、蜡烛、插花，这些东西如何搭配。懂得了这一切，你一定会很开心，很享受，从中获得的精神快乐比吃好穿好高出太多。"

沈国强和他太太张琪一起打理花店，两人堪称如花眷侣。张琪敬佩先生不贪欲，对物质的欲望不高；喜欢挑战自己，自律非常棒；对生活具有无限的热情和热爱。"他在家里不在乎吃，吃得极其简单，只在乎美的感觉，对细节偏执；我经常这个要的那个也要的，他就会问我：这个东西的确好，但是不是我们所需要的？"

当问他什么是成功的人生？沈国强的回答是："成功不是赚多少钱，而是自我的改善。"哲学意义上的自我意识，解决的根本问题就是"我是谁"，是对自己存在的觉察，无论是躯体的或是精神的，这也是沈国强如此强调形体这么重要的根源。"你的身体，是一切美好的开始。"至于身外之物，他并不是太在乎，"我一直在想，要把现在的大房子换成小一点儿的，最后去租房子。挣脱房子的束缚，心可以更自由，我的心一直在大自然中。"

问与答

Q: 记者问　A: 沈国强答

Q: 你认为最完美的快乐是怎样的?

A: 经过痛苦、坚持后获得的经历是完美的快乐,比如一场8小时的山地越野跑,海上1~2小时长距离游泳。

Q: 你最希望拥有哪种才华?

A: 最希望拥有的才华是我设计的婚礼可以让新人永浴爱河、激情永远。

Q: 你最恐惧的是什么?

A: 没有了朋友圈,没有了相互的信任。

Q: 你最钦佩谁?

A: 英国人贝尔·格里尔斯(编者注:1974年出生在英国,是个登山家、畅销书作家、国际演讲家、空手道黑带、前英军特种兵。因其在主持节目《荒野求生》中所食用的东西太过惊人,而被冠以"站在食物链顶端的男人"称号)。另一位是在开学日演讲《我们为什么要上学?》的奥巴马。

Q: 如果有机会改变你人生的一个决定,那会是什么?

A: 从小就开始学习一切关于美丽的艺术、音乐的课程,让我的姿态最美。

Q: 你最欣赏男性身上的什么品质?

A: 自我、自律、承担责任。有一双发现美的眼睛。

Q: 你最欣赏女性身上的什么品质?

A: 具有美妙的气味,健康活力四射的身材。当然还有美学的思维。

Q: 你最珍惜的东西是什么?

A: 爱的能力。

Q: 你认为程度最浅的痛苦是什么?

A: 长时间运动过程中的坚持。运动是让我痛并快乐着,所以是最浅的痛苦。